2020年度湖北省社科基金一般项目（后期资助项目，2020201），项目名称：创新要求对员工创造力的影响研究——基于湖北省先进制造业的实证分析

创新要求对员工创造力的影响研究

——基于湖北省先进制造业的实证分析

马迎霜　著

吉林大学出版社

·长春·

图书在版编目（CIP）数据

创新要求对员工创造力的影响研究：基于湖北省先进制造业的实证分析 / 马迎霜著. -- 长春：吉林大学出版社, 2022.10
ISBN 978-7-5768-1042-4

Ⅰ.①创… Ⅱ.①马… Ⅲ.①制造工业-工业企业管理-人力资源管理-研究-湖北 Ⅳ.①F426.4

中国版本图书馆CIP数据核字(2022)第214843号

书　　名：	创新要求对员工创造力的影响研究
	——基于湖北省先进制造业的实证分析
	CHUANGXIN YAOQIU DUI YUANGONG CHUANGZAOLI DE YINGXIANG YANJIU
	——JIYU HUBEI SHENG XIANJIN ZHIZAOYE DE SHIZHENG FENXI
作　　者：	马迎霜
策划编辑：	李承章
责任编辑：	付晶淼
责任校对：	单海霞
装帧设计：	云思博雅
出版发行：	吉林大学出版社
社　　址：	长春市人民大街4059号
邮政编码：	130021
发行电话：	0431-89580028/29/21
网　　址：	http://www.jlup.com.cn
电子邮箱：	jldxcbs@sina.com
印　　刷：	湖南省众鑫印务有限公司
开　　本：	787mm×1092mm　　1/16
印　　张：	12
字　　数：	200千字
版　　次：	2022年10月　第1版
印　　次：	2023年4月　第1次
书　　号：	ISBN 978-7-5768-1042-4
定　　价：	58.00元

版权所有　翻印必究

前　言

创造力是组织生存和发展的核心要素，是获取竞争优势的重要来源。在中国经济发展由要素驱动、投资驱动转向创新驱动，将创新摆在国家发展"核心位置"的时代背景下，实施创新驱动发展战略，推进大众创业、万众创新，是促进经济社会发展的动力之源；创新已不单是技术创新，更包括体制创新、管理创新和模式创新，组织中创造力的产生也不仅仅局限于研发人员，已扩展到所有能够直接或间接贡献自己新颖想法的员工。

党的十九大报告提出"促进我国产业迈向全球价值链中高端，培育若干世界级先进制造业集群。"湖北省将"推进新型工业化产业示范基地建设，引领产业迈向价值链中高端"写进政府年度工作报告，在"一芯两带三区"战略指引下，大力推进制造业创新发展。在紧扣高质量发展要求、加快发展先进制造业背景下，湖北省先进制造业企业纷纷对员工和团队提出了提升工作绩效和组织绩效的创新要求。因此，在企业管理实践中如何有效发挥创新要求的积极作用以提升员工和团队创造力尤为重要。本书基于湖北省先进制造业企业发展状况，研究创新要求影响创造力的内在机制和边界条件，该问题既是国内外组织行为领域研究的热点议题，也是当前先进制造业企业在创新管理研究中亟待理清的重要命题。

本书系统归纳了创造力、工作创新要求、压力评估的概念与内涵以及相关实证研究，发现已有研究存在以下不足之处：第一，工作创新要求对创造力的影响机制研究尚不够深入，有待于进一步探讨；第二，已有工作创新要求对创造力的影响研究主要集中于个体层次，缺乏从团队视角和跨层次视角研究工作创新要求影响创造力的作用机制；第三，较少有措施从工作创新要求视角对创造力提升进行有效干预。

　　基于上述分析，本书在整合期望效应、社会信息加工理论和压力认知交互作用理论的基础上，基于过程视角构建工作创新要求影响创造力的理论模型，从个体层次和团队层次视角为工作创新要求与创造力的关系研究提供新的理论解释。为检验工作创新要求与创造力关系的理论模型，本书以湖北省先进制造业企业员工为研究对象，通过四个子研究对其进行实证分析，以考察工作创新要求对创造力的作用机制及影响程度。本书的四个实证研究验证了理论假设，研究结论既有利于丰富工作创新要求理论，也有助于指导湖北省先进制造业企业通过工作创新要求提升创造力的管理实践。

　　本书的创新之处在于：（1）在先进制造业企业中研究工作创新要求对创造力的影响；（2）将工作创新要求研究从个体层次拓展到团队层次；（3）通过实证研究揭示期望效应的内在过程；（4）从过程视角证实了工作创新要求影响创造力的内在机理。

　　书中强调，先进制造业企业在贯彻创新发展的新要求背景下，需要激发员工创造力以促进组织创新能力、构建核心竞争力、增强市场竞争优势，着力激发员工科技创新活力，培育创新发展新动能。激发员工提升创造力过程中，应立足于满足员工的内在工作价值需求，调整和优化管理方式方法，逐步实现从"外生约束"向"内生自觉"转变，让员工真正成为创新的实践者而非旁观者，以此激发创新活力、提升创新能力。

马迎霜
2022年5月

目 录

第1章 绪论 ··· 1
  1.1 研究背景 ·· 1
  1.2 研究意义 ·· 8
  1.3 研究方法 ·· 10
  1.4 主要创新点 ·· 11

第2章 文献综述与模型构建 ·· 13
  2.1 创造力文献综述 ·· 13
  2.2 创新要求文献综述 ·· 29
  2.3 压力评估文献综述 ·· 32
  2.4 文献综述述评 ·· 37
  2.5 理论模型构建 ·· 38
  2.6 本章小结 ·· 47

第3章 湖北省先进制造业创新现状考察 ······································· 48
  3.1 先进制造业概述 ·· 48
  3.2 湖北省支持先进制造业创新发展的举措 ···································· 51
  3.3 湖北省先进制造业企业的创新要求现状 ···································· 57

第4章 创新要求对员工创造力的影响机制研究：个体层次创造进程参与视角 ········ 60
  4.1 问题提出 ·· 60

4.2　理论与假设 …………………………………………………… 61
　4.3　研究设计 …………………………………………………… 65
　4.4　研究结果 …………………………………………………… 67
　4.5　结果讨论 …………………………………………………… 74
　4.6　本章小结 …………………………………………………… 76

第5章　创新要求对员工创造力的影响机制研究：个体层次压力视角 …………………………………………………… 77
　5.1　问题提出 …………………………………………………… 77
　5.2　理论与假设 ………………………………………………… 78
　5.3　研究设计 …………………………………………………… 82
　5.4　研究结果 …………………………………………………… 84
　5.5　结果讨论 …………………………………………………… 92
　5.6　本章小结 …………………………………………………… 94

第6章　创新要求对员工创造力的影响机制研究：个体层次工作卷入视角 …………………………………………………… 95
　6.1　问题提出 …………………………………………………… 95
　6.2　理论与假设 ………………………………………………… 96
　6.3　研究设计 …………………………………………………… 99
　6.4　研究结果 …………………………………………………… 100
　6.5　结果讨论 …………………………………………………… 106
　6.6　本章小结 …………………………………………………… 107

第7章　创新要求对团队创造力的影响机制研究：团队层次视角 ………… 109
　7.1　问题提出 …………………………………………………… 109
　7.2　理论与假设 ………………………………………………… 111
　7.3　研究设计 …………………………………………………… 114
　7.4　研究结果 …………………………………………………… 116

7.5 结果讨论 ·· 124
7.6 本章小结 ·· 126

第8章 结论与展望 ·· 128
8.1 研究结论 ·· 128
8.2 理论贡献与管理启示 ·· 130
8.3 研究局限与展望 ·· 133

参考文献 ·· 136

附录 ·· 169
附录1 实证研究一员工版调查问卷 ································ 169
附录2 实证研究一领导版调查问卷 ································ 172
附录3 实证研究二员工版调查问卷 ································ 173
附录4 实证研究二领导版调查问卷 ································ 176
附录5 实证研究三员工版调查问卷 ································ 177
附录6 实证研究三领导版调查问卷 ································ 180
附录7 实证研究四员工版调查问卷 ································ 181
附录8 实证研究四团队主管版调查问卷 ···························· 183
附录9 实证研究四团队直接领导版调查问卷 ························ 184

第1章 绪论

1.1 研究背景

1.1.1 现实背景

1. 创新是经济社会发展的现实需要

新中国成立以来,经历了从"追赶"到"跟踪"再到"自主创新"的战略转变。进入二十一世纪以来,国际经济形势变化复杂,依靠传统要素的经济发展模式已呈现出增长乏力态势,在经济全球化和产业分工不断细化的背景下,创新驱动已成为时代发展的主旋律(章文光 等,2016)。中国经济进入新常态呈现出两大特点:一是经济增长速度由10%左右下降到7%左右;二是经济增长动力发生了重要变化,未来的增长动力在于创新。中国一贯重视科技进步和创新发展,秉承"创新是引领发展的第一动力,是建设现代化经济体系的战略支撑"的发展理念,始终将创新作为国家发展的驱动力,努力探索适合中国国情的创新发展之路。新旧动能转换阶段,中国经济从"增长"向"发展"转变。中国的企业发展也已经进入2.0阶段,从过去追求速度变为今天追求高水平、高质量。在新经济时代,创新力已成为企业的核心竞争力,创新,是推动未来中国经济高质量发展的重要途径和抓手,是引领发展的第一动力,也是"高质量创业"的核心。

《中共中央关于制定国民经济和社会发展第十四个五年规划和二〇三五年远景目标的建议》指出:"坚持创新在我国现代化建设全局中的核心地位,把科技自立自强作为国家发展的战略支撑"。体现了党中央对创新的认识提升到了一个新的高度,是对"创新、协调、绿色、开放、共享"新发展理念认识的进一步深化。创新将为我国进入新的发展阶段、构建新的发展格局、打造发展新优势、全面建设社会主义现代化国家提供强劲的动力。习近平总书记指出："坚持走中国特色自主创新道路，坚持创新是第一动力，坚持抓创新就是抓发展、谋创新就是谋未来。" 我国已经进入新发展阶段，只有把创新驱动发展作为面向未来的一项重大战略实施好，面向世界科技前沿、面向经济主战场、面向国家重大需求、面向人民生命健康，深入实施科教兴国战略、人才强国战略、创新驱动发展战略，完善国家创新体系，加快科技强国建设，才能为建设社会主义现代化国家提供强劲动力，才能不断提高我国综合国力和国际竞争力。

实践表明为应对国际竞争和产业转型升级发展，中国正在用"国家行动"为建设"世界科技创新强国"发起创新总攻，将创新作为引领发展的第一动力。目前我国已在高速铁路、水电装备和北斗导航等领域取得重大突破，部分技术已走在世界前列，科技创新在支撑引领经济社会发展上的作用更加突出。由世界知识产权组织、美国康奈尔大学、欧洲工商管理学院及其他工商业界合作伙伴共同发布的《2021年全球创新指数报告》显示，中国的创新表现排名已由2013年的第35位上升至第12位；欧盟委员会2021年12月公布的《2021年欧盟产业研发投入记分牌》显示，中国企业2020年的研发投资增长率为18.1%，远高于美国的9.2%；此外，《2021年国民经济和社会发展统计公报》显示，2021年，全国共投入研究与试验发展（R&D）经费27 864亿元，比2020年增长14.2%，延续了"十三五"以来两位数的增长态势。以上数据反映出在新常态背景下中国对创新发展的重视以及对创新的投入持续加大，对创新的重视程度日益提高。中国研究与试验发展经费保持稳定较快增长，反映了各地区各部门落实新发展理念的成效。但也要看到，与世界科技强国相比，中国研究与试验发展经费投入在规模、结构和效能等方面仍有不足。

2. 创新是企业生存与发展的原动力

创新是企业生存和发展的灵魂，创新是一个企业扩大、可持续发展的根本原因之一。企业要想走向世界，就必须坚持创新，否则企业就无法前进，创新是一个企业真正能够实现发展、生存和壮大的动力。当前，以新一代信息技术为核心的新一轮科技革命和产业革命正在加速突破，应用拓展新技术、新模式、新业态、新产业不断涌现，企业稍有懈怠就可能被时代所淘汰。

在当今知识经济和信息技术占主导的时代，国际市场竞争已呈白热化，高新技术产业的核心优势建立、传统产业的转型升级和可持续发展都有赖于创新驱动。当今社会，企业的发展主要靠核心竞争力，如何打造企业的核心竞争力，关键在科技创新，只有依靠科技不断地创新，企业发展才会有不竭动力。在日趋激烈的市场竞争中，各类企业已将理念、技术和管理创新作为其生存和发展的基石，不断增加创新所需的智力和资本投入，力求在竞争中取得优势。麦肯锡公司对全球一千四百多位企业领导者的一份调查中，有超过七成的领导者认为创新是企业发展中应优先考虑的前三个因素之一（陆冠南，2017）。

市场需求是企业创新的牵引力，市场需求是进行创新活动的出发点，也是其重要的动力源泉及成功保证。只有满足了市场的需求，企业才有可能获得较大的经济效益。市场需求的牵引力是进行创新活动的前进动力，也可以保障其方向性。市场需求拉动了创新，创新满足了市场需求同时又会引发新的需求能量，需求拉动成了企业进行创新的持续动力。此外，市场竞争导致的优胜劣汰成为企业生存面临的巨大压力，使得企业要进行持续的技术创新、创造新产品，只有具备优于竞争对手的技术产品优势和市场需求优势，在面对市场竞争时，才可以具备快速良好的创新反应。

全球领先的信息与通信解决方案供应商——华为，一贯重视创新，其最初的创新目标就是为了企业能够"活下去"，在产品和技术创新上，始终坚持以客户需求为导向，以渐进式创新或跟随式创新满足客户的显性需求，以突破式产品或服务创新满足客户的隐性需求。在科睿唯安（Clarivate Analytics）公布的《2017年全球百强创新机构》报告中，华为成为中国大陆唯一入选的企业，这得益于其坚持创新的发展战略以及每年超过销售收入10%的创新投入。近十年来，华为的研发投入费用已超过8450亿元，其中2021年在研发领域投入的费用高达1427亿元人民币，占全年收入的22.4%，目前华为研发投入在全球企业中位居第二。从研发人员情况来看，华为2021年的研发人员占公司总人数的54.8%，约为10.7万名。创新能力已成为华为的核心竞争力之一，持续的创新投入奠定了业绩稳健增长的基础。

3. 先进制造业对创新要求更加迫切

先进制造业是集现代科学技术之大成的产业领域，不仅体现为技术、工艺的先进性，也体现为制造模式、生产组织方式和供应链等的先进性，既包括依托先进技术形成的战略性新兴产业、高技术产业，也包括通过技术改造、工艺革新、商业模式和生产组织方式转型升级后的传统产业。先进制造业以创新为动力，以硬科技为核心，表现为全球领先的技术水平、生产效率和产品质量，是现代产业体系的重要组成部分。目前，我国先进制造业占比、硬科技的总体发展水平距离世界制造强国尚有一定差距，亟须用硬科技的创新来驱动先进制造业的快速发展，同时通过壮大先进制造业为硬科技的再创新注入强劲动力。要在细分领域引导中小企业精耕细作，提高创新能力，培育一批掌握核心技术和精湛制造工艺、可为领军企业提供高品质配套产品和服务的小巨人企业。要充分发挥龙头企业的创新引领作用，推动产业链上下游、大中小企业紧密协作与协同发展。

当企业原有的发展模式或技术与时代要求不匹配时，就需要通过创新来支撑企业发展。创新对于企业而言，不是阶段性发展的产物，而是企业可持续发展的内在要求，是企业在未来竞争中抢占优势的关键因素。当前，中国要实现从制造到智造，就必须要求企业通过技术创新，促进产业转型升级，做大做强先进制造业，把创新主动权、发展主动权牢牢掌握在自己手中。随着外部市场竞争不断加剧，企业对创新提出了更加紧迫和苛刻的要求，期待着员工能够将组织的创新期待变为现实。企业管理者已深刻意识到，在知识经济时代，企业已不能以低技能、低工资员工的不断重复生产来保证增长，而需要具有创造性的奋斗者。2012年3月，中华全国总工会和科学技术部等六部门联合印发《关于进一步加强职工技术创新工作的意见》，指出组织动员员工积极参与技术创新实践是提高员工创新能力、促进创新型国家和创新型企业建设的重要途径。

自2019年5月美国制裁华为以来，华为的很多零部件就开始断供了，随着美国加大了制裁力度，台积电也开始要断供华为芯片。2020年8月初华为表示受到美国在2020年第二轮制裁的影响,在2020年9月15日后台积电将停止再向华为企业提供高端芯片,这意味着麒麟芯片将很快成为"绝版芯片"。华为在手机最核心的芯片领域有两大风险:一是华为有大量芯片仍然需要外部采购,比如美国三大射频芯片、TI的电源管理芯片、索尼的摄像头芯片以及韩国的存储芯片,这些外部采购的芯片时刻会面临着被断供的压力。二是华为自研芯片以海思为主,但海思只是一家设计公司,要把芯片造出来且发挥出极强的性能,依然要靠台积电的代工。而如果台积电断供华为,那么海思可能就会变成图纸公司。在半导体制造方面,华为只做了芯片的设计,并没有芯片的制造。如今被美国卡脖子,就必须要考虑自己制造芯片了,但生产高端芯片并不简单,必须要突破生产制造、工业设计等流程。

华为作为我国高新技术企业的排头兵,当前面临着芯片制造的压顶难题,进一步说明我国先进制造业的核心零部件、关键设备等基础能力不强,很多关键技术材料、核心材料零部件依赖进口,绝大部分的高档数控系统、芯片等都要依靠进口。先进制造业技术创新能力较弱,普遍存在着研发投入低、创新能力不强的问题,虽然我国已成为先进的制造业大国,但先进制造业与世界的先进水平有着不小的差距。在差距和危机面前,先进制造业企业已充分认识到创新是推动先进制造业高质量发展的内生动力,也是建设制造强国的驱动力量。

1.1.2 理论背景

1. 创造力是创新的源泉

Woodman等(1993)研究发现创新成果的形成虽受到组织内外部多因素影响,但创造力却是最重要的影响因素。娜塔莉·尼克松在《创造力觉醒》一书中深度研究了创造力在人们的工作中是如何被激发并起作用的。她发现创造力是介于奇想和严谨之间的动态张力,当人们在奇想和严谨这两种状态间来回切换时,最容易产出全新的价值和富有变革性的成果。她认为创造力是人与生俱来的能力,创造力是一切创新的源泉。Amabile等(1996)研究指出企业创新能力的提升依赖于创造力的提高,创造力是创新有效实施的基础和源泉,创新来源于员工对产品或服务的创造性想法。"功以才成，业由才广"，创新过程需要员工和团队贡献智慧，创新与个体和团队的创造力息息相关，知识经济时代的企业创新要以个体和团队的创造力为基础。企业活力来自创造力，创造力有助于促进企业创新和提升生存发展能力，影响着企业的兴衰。如何增强员工和团队的创造力已成为企业在竞争中成功制胜的关键问题之一。

2. 创新要求是创造力研究领域的新课题

已有研究表明，作为组织赢得竞争优势的关键因素，创造力的产生不仅取决于员工个体特质（Anderson et al.，2014）、组织工作氛围（Açıkgöz et al.，2016；Khalili，2016；秦伟平 等，2016），还取决于工作本身，特别是任务对创新的内在要求（Unsworth et al.，2005）。在创造力领域，工作创新要求被视为一种特定类型的目标，其结果应具有创造性（Unsworth et al.，2005）。然而创造力是由员工个体特质与情境因素相互作用形成的复杂结果，因此对创造力的研究已经超越了单独强调个体特质或情境因素的主效应分析，需要进一步探究情境因素与个体特质的相互作用（Gilson et al.，2004）。由此可见，对工作创新要求与创造力的关系研究不仅需要关注创新性要求的目标设置作用，还需要考虑员工个体差异和组织情境的影响作用。

3. 创新要求影响创造力的内在机理研究是理论研究的客观需要

工作创新要求作为决定员工是否从事创新性活动的关键因素之一，已受到越来越多的学者关注，然而工作创新要求对员工创造力预测的研究结论并不一致。目前学术界主要有两种研究结论，一种是工作创新要求正向影响员工创造力。Unsworth和Clegg（2010）研究发现，工作创新要求是决定员工是否从事创新性活动的关键因素。Shin等（2017）从意义建构视角研究发现，工作创新要求正向影响员工创造力，当员工的创新内在兴趣越低时，正向影响作用越强。另一种结论却发现两者之间的关系比较复杂。Yuan等（2010）假设工作创新要求正向影响员工创造力，研究结果却发现工作创新要求在预期风险和预期收益的中介作用下负向影响员工创造力。Tierney等（2011）则研究发现，随着员工感知工作创新要求的增加，其创造性自我效能却逐渐降低，进而削弱了员工创造力。观点对立的背后折射出工作创新要求与创造力之间的关系复杂性，对工作创新要求影响员工创造力的内在机理模糊，仍需深入研究。

4. 创新要求对创造力的多层次研究是理论研究的客观需要

学者们对工作创新要求的已有研究主要集中在个体层次，较少从团队层次和跨层次视角探索工作创新要求对员工和团队创造力的影响。特别是以中国本土企业员工为样本，对工作创新要求与员工创造力和团队创造力关系的实证研究则为空白。此外，探究团队工作创新要求与情境因素对员工创造力的跨层次影响是有待深入研究的重要议题。因此，从多层次视角构建并验证工作创新要求影响员工创造力和团队创造力的多层次理论模型，能够拓展工作创新要求与员工创造力、团队创造力的关系研究，深化工作创新要求跨层次理论的发展。

在新常态背景下，实施创新驱动发展战略已成为企业生存和发展的主旋律（马君，2016），如何在工作创新要求情境中，通过管理实践激发员工和团队创造力，已成为当前先进制造业企业实施创新驱动发展战略的关键要素之一。开展工作创新要求与创造力的关系研究是先进制造业企业管理实践的客观需要，而现有工作创新要求与创造力关系的理论研究滞后于实践发展的需要，未能充分揭示工作创新要求影响创造力的内在机理。本书对工作创新要求与创造力关系的理论和实证研究将有助于先进制造业企业理清员工和团队在工作创新要求下产生创造力的内在机理，对企业创新能力提升具有重要的理论价值和现实意义。

1.1.3 问题提出

在中部地区崛起总体战略的指引下，湖北省紧紧把握新一轮科技和产业革命新机遇、全球制造业竞争格局调整新挑战，于2019年9月发布的《中共湖北省委关于落实促进中部地区崛起战略，推动高质量发展的意见》指出，要加快制造业结构优化升级，培育壮大战略性新兴产业，扎实推进集成电路、智能制造等十大重点产业高质量发展，推进创新平台全覆盖；加快存储器、网络安全人才与创新、新能源和智能网联汽车、航天产业四大国家级产业基地建设，支持建设信息光电子、数字化设计与制造、先进存储器产业等创新中心，打造

"芯屏端网"和生物技术、高端装备等先进制造业集群。

当前湖北省先进制造业的关键设备多数仍依赖进口，先进制造业的高质量发展需要进一步强化制造业创新能力建设，提高关键领域自主创新能力，激发企业创新主体活力。先进制造业企业需要引导员工的价值取向从短期功利主义向内在价值的非功利主义转变，激发团队和个体创造性开展工作，增强自主创新能力，为提高市场竞争力和企业的可持续发展奠定基础。为深化先进制造业高质量发展，湖北省先进制造业企业普遍对员工提出了提升工作绩效和组织绩效的创新期待，具体表现为将创新要求纳入员工的工作之中。在企业管理实践中如何使组织创新期待成为现实，既是国内外组织行为领域研究的热点议题，也是当前湖北省先进制造业企业在创新管理研究中亟待解决的关键问题。

本书研究的问题是在湖北省先进制造业企业中创新要求是否影响员工创造力以及创新要求如何能够内化为员工创造力？本书拟从个体层次和团队层次视角来回答这两个问题，探讨团队和个体在组织创新期待中怎样做到"知行合一"，揭示创新要求影响创造力的内在机制和边界条件，期望通过本书为湖北省先进制造业企业在高标准严要求下的创造力提升提供理论支撑和实践指导。

1.2　研究意义

1.2.1　理论意义

1. 从个体层次和团队层次视角，拓展创新要求与创造力的关系研究

过往有关工作创新要求与创造力关系的研究，大多将目光聚焦在个体层次工作创新要求对员工创造力的影响，较少研究工作创新要求与团队创造力之间的关系。而工作创新要求不仅是个体层现象，也是一种团队层现象。因此工作创新要求的多层次框架需包含个体层和团队层路径，每种路径可由差异化的理论机制进行解释。本书基于期望效应、I-P-O模型、压力认知交互作用理论和社会信息加工理论，构建工作创新要求影响个体及团队创造力的个体层和团队层作用路径。相比员工个体层次的工作创新要求研究，本书从多层次视角深入分析工作创新要求对创造力的影响效应，建立更完整的理论研究框架，为工

作创新要求影响创造力的实证研究构建多层次理论模型，从多层次视角解释工作创新要求对创造力的影响效应。

2. 揭示创新要求与创造力二者之间的作用机制

在过往有关工作创新要求与创造力关系的研究中，主要聚焦于个体层次工作创新要求对员工创造力的主效应及边界条件上，但对二者关系的内在机制关注较少。因此，从个体层次考察创造进程参与和从团队层次考察团队知识共享对工作创新要求与创造力关系的中介效应，阐述工作创新要求对创造力的作用过程，有助于从新的视角揭示工作创新要求影响创造力的内在作用机制，为创造力的形成机制提供新的理论视角。

3. 揭示不同层次影响工作创新要求与创造力关系的边界条件

过往对工作创新要求与创造力关系的边界条件研究主要聚焦在个体层次，但没有考察在团队层次和跨层次模型中工作创新要求与创造力关系的边界条件。因此，考察压力评估、团队知识共享和团队情境氛围等变量对工作创新要求与创造力内在机制的调节效应，不仅有助于从新的视角揭示工作创新要求与创造力关系不同层次的情境因素，还可以进一步丰富多层次创造力的理论研究。

1.2.2　实践意义

1. 为湖北省先进制造业企业管理者提升个体、团队创造力提供理论基础

作为任务导向的工作创新要求有助于驱动员工创造性开展工作，但工作创新要求是否天然有助于激发创造力在理论研究和管理实践中依然不是很清楚。本书从个体层次和团队层次两个维度澄清工作创新要求与创造力之间的作用机制和边界条件，为湖北省先进制造业企业如何通过有效的工作设计和过程管理来充分发挥工作创新要求对创造力的促进作用，并避免其负面效应提供了重要的理论指导。

2. 为湖北省先进制造业企业工作创新要求有效实施提供实证支持

从管理实践来看，工作创新要求的实施既要考虑员工的创造参与和知识共享程度，还要考虑员工对工作创新要求的压力评估和所在团队的情绪氛围。

当员工将工作创新要求评估为具有挑战性或阻断性时，差异化的压力评估对创造进程参与的影响有差异。因此，识别个体和情境因素对工作创新要求与创造力关系的影响作用，以及如何增强正面效应和抑制负面效应已成为一项亟待解决的管理课题。本书通过澄清工作创新要求与创造力之间的关系，从而为湖北省先进制造业企业工作创新要求的有效实施提供切实可行的实践指导。

3. 为湖北省先进制造业企业管理者进行任务目标设置和工作设计提供改进建议

本书着重探究工作创新要求与创造力之间的内在作用机理，目标所蕴含的内在激励作用，可以驱动员工将需要转变为动机并引导行为的努力方向，具体的、困难的（但可达到的）目标与一般性目标相比，会形成更高的生产力。Johari等（2016）的研究表明，与枯燥、乏味的工作相比，员工更易卷入复杂、有挑战性的工作，当湖北省先进制造业企业为员工和团队设定清晰的创新任务目标时，将有助于形成更高水平的创造力，有利于团队和组织的绩效提升。

1.3　研究方法

在对现象的解释和预测中，逻辑与证据二者缺一不可。只有逻辑和证据相互印证，才是科学的探究方法。本书在逻辑研究中主要运用文献研究法和访谈调查法，在证据研究中主要运用问卷调查法和数据分析法。

1. 文献研究法

文献研究有助于了解工作创新要求和创造力的相关理论成果和研究范式，只有对文献进行梳理和分析，才能把握研究问题的研究现状、不足和未来的研究方向，为工作创新要求与创造力逻辑关系的理论分析奠定基础。本书利用学校图书馆丰富的电子文献和纸质图书资源，搜集整理并归纳总结工作创新要求、员工创造力、团队创造力、创造进程参与、压力评估、团队知识共享和团队情绪氛围等主题的研究进展，为理论模型构建、实证研究的理论假设和数据分析提供理论基础。

2. 访谈调查法

访谈调查法有助于全面深入了解研究问题和研究对象对问题的看法和思考，通过对研究对象的深入分析才能把握研究问题的本质。本书运用现场访谈和线上访谈的方式，访谈湖北省先进制造业企业的管理者和员工，以了解企业的创新发展举措、对员工的创新期待和员工的创新现状，以及在员工创新方面存在的问题、困惑和改进建议。

3. 问卷调查法

本书的研究变量测量选用国内外已有的成熟量表，通过严格的双向互译形成本土化研究问卷，以提高测量工具的科学性。研究样本通过现场问卷调查法获取，为避免研究结果受共同方法偏差的影响，本书在问卷调查中采取配对样本多源时滞数据收集方式。个体层次和跨层次研究均设计员工版和领导版问卷，从员工和其直接领导两个来源收集样本数据；团队层次研究设计员工版、团队主管版和团队直接领导版问卷，从员工、团队主管和团队直接领导三个来源收集样本数据。

4. 数据分析法

为检验理论模型和研究假设，依据实证研究的数据处理要求，需要对调查问卷获取的数据进行统计分析，以得到具有证据支撑的逻辑关系，以及兼具理论意义和实践价值的研究结论。本书主要采用Spss22.0、Amos22.0、HLM6.08、Mplus7.0和R软件等统计分析软件，运用回归分析、Bootstrap分析和蒙特卡洛模拟等统计分析方法进行数据分析。分析内容主要包括描述性统计分析、信度分析、效度分析、验证性因子分析、共同方法偏差检验、聚合效度分析、跨层次方法的适用性分析、直接效应检验、中介效应检验、调节效应检验、被调节的中介效应检验等。

1.4 主要创新点

1. 在中国本土情境中研究工作创新要求对创造力的影响

以往工作创新要求与创造力的关系研究主要集中在西方文化背景中，尚未有学者在中国本土情境中研究二者关系。本书选取湖北省先进制造业企业的工作团队为样本，从个体层次和团队层次视角，研究工作创新要求对创造力的影响机制和边界条件。研究发现在我国高背景文化情境中，工作创新要求正向影响创造力，从特定背景文化视角对过往工作创新要求与创造力关系不一致的研究结论给出了新的理论解释。

2.将工作创新要求研究从个体层次拓展到团队层次

过往对工作创新要求的研究主要聚焦于个体感知的工作创新要求对其创造力的影响，鲜有从团队层次和跨层次视角研究工作创新要求与创造力的关系。本书依据组织层次和个体层次所界定的工作创新要求的概念和内涵，在个体层次研究基础上，从团队层次视角实证分析团队工作创新要求对团队创造力的影响，拓展了工作创新要求的理论和实证研究，丰富了工作创新要求对创造力的影响机制研究。

3.通过实证研究揭示期望效应的内在过程

期望效应的已有研究较多关注期望效应的结果，而对结果的产生过程却没有给予足够的重视。本书通过工作创新要求与创造力的关系研究，揭示了期望效应的内在过程，研究表明组织创新期待的实现需要员工参与到创造过程中，且受其自身压力评估和团队知识共享程度的影响。剖析期望效应的产生过程既对现有期望效应理论作了有益补充，进一步拓展了期望效应理论，也为组织的创新期待实现提供了实践指导。

4.从过程视角证实工作创新要求影响创造力的内在机理

过往对工作创新要求与创造力关系研究主要聚焦于自我效能感、意义建构等视角，鲜有从过程视角研究二者的内在联系。研究发现团队知识共享中介团队工作创新要求与团队创造力的关系，创造进程参与在个体层次中介工作创新要求与员工创造力的关系，创造进程参与跨层次中介团队工作创新要求与员工创造力的关系。本书聚焦于过程研究，从一个全新的视角对工作创新要求影响创造力的内在机理给出了新的解答。

第2章 文献综述与模型构建

2.1 创造力文献综述

创造力研究在学者Guilford（1950）的推动下，于20世纪50年代兴起于心理学领域，随后在行为科学等领域受到学者们的广泛关注。自20世纪80年代以来，创造力被视为组织情境中个体或组织获取核心竞争力的关键要素之一，学者们对其关注和研究兴趣日益提高。当前，研究者们已普遍认为创新的核心思想来源于创造力，创造力有助于克服创新过程中的挑战，创造力和创新的组成部分及其相互作用如图2.1所示。

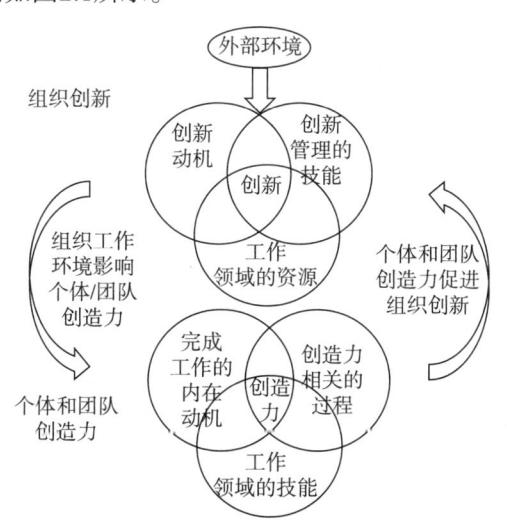

图2.1 创造力和创新的组成部分及其相互作用

资料来源：Amabile T M, Pratt M G. The dynamic componential model of creativity and innovation in organizations: Making progress, making meaning [J]. Research in Organizational Behavior, 2016（36）: 157-183.

从图2.1可以看出，个体创造力与组织创新是不可分割地联系在一起的有机体，创造力可以被概念化为组织创新的第一步或更大范围的创新领域的子集（West et al.，1993）。具体而言，如果没有创造性的想法，就没有创新性的成果，个体和团队创造力是组织创新的基础。已有实证研究表明，员工创造力与组织的整体工作表现相关（Gong et al.，2009），对组织的创新绩效有着显著的影响。与此同时，组织工作环境对个人和团队创造力具有影响作用。因此，对创造力的研究可以为提升工作场所的创造力提供有价值的见解，增加产生创新成果的机会（Zhou et al.，2014）。

2.1.1 创造力的概念

创造力既可以称为过程也可以称为结果，为了实现创造性产出，个体需要参与到创造过程中，使自身具有产生创造力的潜质。Koesler（1964）将创造力的产生理解为一种双边的社会性过程，通过将原本不相关事物联系起来，产生新的想法或见解，着重强调以独特的视角看待事物，并具备新信息的辨别能力和应用新想法解决问题的能力。传统的创造力研究集中于个性、特征、技能、经验、动机和智力等因素（Joo et al.，2013），学者们对创造力内涵的研究主要可以归纳为基于过程、特质和结果视角（张燕 等，2011）。

过程视角认为创造力是一种经过系统组织的理性思考工作，其产生过程虽受个体努力的影响，但更强调过程中的严密组织和精心安排（Woodman et al.，1993）。Parnes等（1977）提出了一个创造力思维过程的模型，包括现象发现、问题发现与定义、创意产生、解决方案提出和解决方案接受五个阶段。Amabile（1983）提出的创造力过程模型将创造性思考过程分解为任务陈述（如问题的产生背景）、活动准备（如为解决问题收集相关信息）、产生创意（如构思解决问题的各种方法）、验证创意（如检验创意的合理性和可行性）和结果评估（如选择一个最佳方案）五个阶段。从过程视角对创造力的定义涵盖了对某个问题或机会的辨别、收集信息、产生创意和评估创意等内容。创造力产生的过程包括持续地发现问题、解决问题以及实施新的方案（Basadur，2004），同时也是一个包括思考与行动、反馈寻求和新方法商讨的循环过程。

特质视角认为创造力是个体所特有的能力（Guilford，1950），主要关注个体在创意和行为上的独特性（Feist，1998），具有显著的人格特质表征，研究重点是识别具有创造性能力的个人特征或认知能力的个体。创造性人格的概念由美国心理学家Guiford首次提出，指个体所具备的对创新性想法和创新性任务完成起促进或保证作用的个性特质，通常运用心理测量方法或从认知心理学视角考察个体的创造性人格特征。Gough（1979）关于创造力个体差异的研究发现，与普通人相比，富有创造力的个体更加自信、进取心强、对问题敏感、思维不被他人思想所束缚、相信自己对问题的直觉判断。特质视角侧重于阐述人格特质对创造力的影响，研究者试图检验性格和智力等因素来确定哪些特征更有可能与产生创造力相关，以及开发测试系统以评估和识别具体创造性特征的个体或开发提升个体创造性技能的方法（Shalley et al，2004），但并未有效定义创造力。

创造力视为结果时被定义为新颖的事物。在心理学中，创造性成果被认为是头脑风暴的产物，具有原创性、流畅性和灵活性特征。结果视角认为创造力应具有新颖性、价值性和实用性，且能够被他人接受和认可。在组织行为领域，学者们主要倾向于从结果视角定义创造力，即产生与产品、服务、商业模式、工作方法、或管理过程相关的新奇和有用的想法（Amabile，1988；Shalley et al.，2004），这一个概念强调了新奇性和有用性是对创造力进行衡量的两个重要指标，新奇性是指与已有的想法相比较，该想法是独一无二的；有用性是指该想法能够解决实际问题，具有升值的潜力。

过程视角的研究将创造力的产生视为信息加工过程，其过程受到个体知识结构、认知能力和经验的影响，基于过程视角的定义忽视了创造力产生的行为和创造力结果。特质视角主要关注于识别与创造力相关的个体差异，而创意的产生会受到偶然事件或意外发现等因素的影响，基于特质视角的定义忽略了环境因素对创造力的影响。结果视角反映出创造力结果的差异化，可以客观地衡量创造力水平，但未能解释如何能够产生创造力。相比较于过程和特质视角，结果视角使得创造力以相对容易和一致的方式被量化，从而有利于开展实证研究（Amabile，1996）。根据上述分析，本书主要从结果视角研究创造力，将创造力界定为在工作过程中提出新奇而有用的想法。

依据创造力产生的行为主体，创造力可划分为员工、团队和组织三个层次，本书主要聚焦于员工创造力和团队创造力研究。其中员工创造力是团队创造力的基础，团队创造力是组织创造力的基础。然而，在管理实践中发现，团队中的个体具有创造力并不必然意味着团队具有高水平的创造力。Drazin等（1999）提出的创造力多层次模型认为，团队创造力产生于特定情境和团队过程中，团队中的个体创造力只有通过团队成员之间的有效互动，才能有效转化为团队创造力（Kurtzberg et al.，2001）。

2.1.2 创造力相关理论

1. 创造力组成理论

创造力的研究中产生了许多理论试图解释创造性过程的本质和组成部分。Amabile（1996）提出的创造力组成理论认为创造力是外在和内在因素相互作用影响最终产品的过程。创造力的组成理论视为心理的和组织的创造力研究提供全面服务而设计的理论，描述了创造力的过程以及对创造力过程和结果的各种影响。组成理论认为对创造力绩效的影响主要包含问题解决者自身的三个因素：与领域相关的知识和技能、创造力相关的过程和内在动机；与领域相关的知识和技能包括知识、专长、技术能力、智力和在特定领域的天赋等；与创造力相关的过程包括认知风格和富有独立、冒险、新视角的性格特征，以及提出创意有关的工作风格和技能等。内在动机指完成工作或解决问题是源自任务或问题本身有意义或令人满意等，而不是因为奖励或竞争等产生的外在动机。

这一理论明确指出所有的成分对于创造力来说都是必要的，而且通常来看，每一成分的水平越高，创造力的最终水平就越高。同时我们也要认识到创造力需要所有成分的协同作用，这三个因素的组成不同，创造力会存在着高低差异，当三个因素的水平都高时，创造力水平将会更高（Bjorkman，2004）。与此同时，工作环境中影响员工创造力的主要组成部分为组织的创新动力、资源（包括财务、时间可用性和人力资源）和管理实践，例如使工作具有挑战性和领导的鼓励等（Amabile et al.，1999）。当一个有很强的领域专长和很高的创造性思维工作技能且具有内在动机的人，在一个高度支持创新的环境中工作时，创造力就会达到最高水平。

创造力组成理论可以应用于人类活动的任何领域，有着相同的基本组成、过程以及影响机制。必要的个体内部的成分在组织环境和其他环境中应该是一样的，在组织及其他各种场合，人们都需要领域专长、创造力有关的技能和过程，以及工作的内在动机。该理论建议管理者在人力资源管理中，除了聘用那些有领域专长、创造力相关技能和高内在工作动机的员工之外，应该营造一种工作环境，避免控制导向的外在激励而关注协同合作的工作环境。

2. 创造力认知过程理论

认知过程主要是指创造性的想法从何而来，该领域的学者致力于探寻人类如何逼近问题，并提出创造性的解决办法。影响创造力的认知能力体现在很多方面，例如Carrol（1985）发现想法的产生包含八个因子：联想的流畅性、表达的流畅性、比喻的流畅性、构思的流畅性、演讲的流畅性、言词的流畅性、实践构思的流畅性以及原创性。认知能力和认知方式的作用研究反映出人们须将个体的不同和社会、环境的作用整合起来以综合考虑对创造力的作用（丁琳，2017）。

从认知过程研究创造力，旨在通过应用认知科学的概念和方法来便于对创造力的理解（Finke，1996），该理论假设创造力产生的认知过程与其他认知过程（如学习或思考过程）是相同的。创造性认知的研究，不仅研究联想过程，而且关注想法如何产生以及如何串联起来。Mednick（1962）将创造性思维定义为不同联想的组合，并指出在创造过程的早期阶段通常产生一些常见的和典型的想法，原创性的想法一般都是后期才产生。Edward（1994）提出了创造过程的认知螺旋模型，认为创造性思维是认知加工和学习的重要组成部分，信息处理过程为认知螺旋模型提供了基本的理论框架。该模型包括知觉思维、创造性思维、发明思维、元认知思维和执行思维五个过程，经历了从刺激检测、语义编码、响应生成到表达转换，在创造过程中，排列成螺旋状连续体清楚地描述了信息的流动。

3. 创造力内隐理论

Sternberg（1985）从心理结构视角，将创造力理论分为外显理论和内隐理论两类。外显理论指心理学家或者其他领域的专家，通过实证调研和样本施测后，在数据分析基础上建构的关于创造力的理论体系；而内隐理论为一般公众在日常生活或工作情境中所形成的，且以某种特定形式保留于头脑中的对创造力及其发展的看法。个体所持有的理论可以同时涵盖外显和内隐两个部分。外显理论一般为抽象的水平，概括力较强，通常不能直接帮助人们解决所面临的实际问题，而且并不是所有人都会储存完整的关于创造力的外显理论，所以人们通常要依据自己的内隐理论来解释和判断日常生活中面临的人或事。

Christiane等（1998）将创造力内隐理论研究分成两类，一类是研究人们对个体和产品的创造性评价时的结果一致性程度，以揭示人们判断创造力所持有的内隐标准，但这类研究无法对创造力内隐理论展开深入研究；另一类是研究人们对具有创新能力的个体的识别，寻找人们对创造力理解的原型。目前对创造力内隐理论的研究主要集中于第二类，重点探讨创造力的本质、创造能力的培养和创造力影响因素等问题（黄四林 等，2005）。

此外，虽然不同的学者有着不同的创造力内隐理论解释，但对创造力一些最核心元素的认识还是存在很多共识的。既有对个体创造性人格、特质的认识，也有对社会环境等外在因素的认识。具体来说，多数人同意有创造性的个体应具有以下特征："具有辩证思维和发散思维""能用联系和发展的眼光看问题""不拘泥传统""具有批判精神""思维灵活""有欣赏美的能力""有好奇心""有创造的动机""敢于怀疑社会规范""具有直觉力"等（谢利苹，2015）。Sternberg等（1985）还认为，通过研究创造力的内隐观念可以发现人们对创造力的刻板印象，以及了解人们是如何加工该类信息的。只有了解不同群体的创造力内隐观念才能有针对性地进行创造力研究。

4. 创造力投资理论

Sternberg等（1991）借用股市股票买卖中的经济学术语"买低卖高"来研究创造力进而提出了创造力投资理论，该理论认为人的创造就如市场上的投资一样，是将人的能力和精力投入到新的、高质量的思想中，投资讲究花最小的代价创造最高的利润，创造则是用现有的知识、才能等创造出更多更好的有价值的产品。认为创造力需要六个独立而又相互联系的资源共同作用，是由性格、知识、智力、思维风格、动机和环境六种因素有机结合的产物。其中，智力资源集中体现了个体的创造力，它由三种要素组成：一是综合能力，从新的视角看问题，摆脱常规思维的定势；二是分析能力，对哪些观念值得买进，哪些不值得买进进行选择；三是实践能力，控制怎么低价买进高价卖出。创造力投资理论包括心理过程中的认识过程、情感过程、意志过程及环境因素。这说明创造力是一个多维结构，是一个有多个因素相互作用、相互协同、相互制约的完整的整体。

该理论指出具有创造力的个体与优秀的投资者之间有着相通之处，人的创造性活动就如同市场上的投资一样，努力将能力和精力投入到有价值的新的思想上。投资的目标是以最小的代价获取最大的利润，创造则是用知识和能力等创造出有价值的产品或服务。一般在创造性思想产生之初，因为挑战了多数人的看法或对现有利益产生威胁，会遭到他人的排斥，有创造力的人需想法设法说服他人，使自己想法的价值性得到认可。一旦他人意识到想法的宝贵，其投资价值将得到提高，有创造力的人就可以高价卖出想法并继续构思新的想法。

2.1.3 创造力的影响因素

1. 员工创造力的影响因素

员工创造力影响因素可以归纳为个体因素、工作特征、领导因素、团队因素和组织因素五个方面。

（1）个体因素

个体因素方面学者们考察了个体的个性特征，比如积极的个性（Gong et al., 2015）、创造性人格有助于创造力形成（Kogokar, 2016；宋志刚 等，2015；李鹏 等，2017）；情绪，比如工作满意度（Zhou et al., 2001；李万县 等，2014）、工作激情（Ashton, 2011；汪国银 等，2016）等积极情绪对创造力有促进作用、工作不安全感（Probst et al., 2007；周浩 等，2011）等消极情绪对创造力有抑制作用；认知，比如认知风格（Scott et al., 1994；罗瑾琏 等，2013）对创造力影响受到情境因素的影响、认知方式的直觉维度（罗瑾琏 等，2010）正向影响创造力；自我概念，比如创造性自我效能感（Tierney et al., 2002；杨付 等，2012；薛会娟，2013）对创造力有显著的正向影响；动机与目标导向，比如主动性人格（张振刚 等，2016）、成就目标导向（Elliot et al.,

2001；Elliot et al.，2005；张昊民 等，2015；张昊民 等，2015），学习目标导向对创造力有正向影响，表现趋近目标导向在低绩效控制下正向影响创造力，而表现回避目标导向在高绩效控制下对创造力有正向影响（马君 等，2015）；创造力相关行为，比如创造进程参与（Zhang et al.，2010；张红琪 等，2013）、反馈寻求行为（Stobbeleir et al.，2011；王石磊 等，2013；张婕 等，2014）、帮助寻求行为（Mueller et al.，2011）、知识隐匿行为（Cerne et al.，2014；康鑫 等，2016），员工的知识隐匿行为会使员工之间产生不信任感，降低同事之间的知识分享意愿，进而对员工自身的创造力产生具有抑制作用。

（2）工作特征

从工作特征视角研究对员工创造力的影响主要聚焦于工作复杂性、工作自主性和工作压力三个方面。工作复杂性对员工具有挑战性，可以激发员工开创性工作的兴趣和愿望，增强员工从事创造性工作的内在动机，对员工创造力水平提升具有促进作用（Tierney et al.，2002；尚玉钒 等，2015；赵新宇 等，2016）。此外，在从事创造工作过程中，如果员工能够自主决策并具备较高的资源分配权限等自主性要素，就可以充分施展其创造性才能（王端旭 等，2011）。工作压力对创造力的影响主要取决于压力源及其所引致的压力类型（Byron et al.，2010），不同类型（挑战性压力和阻断性压力）对创造力的影响有差异（刘新梅 等，2013；蔡亚华 等，2015；张亚军 等，2016；马迎霜 等，2018），挑战性压力对创造力有正向影响，而阻断性压力负向影响创造力。

（3）领导因素

尽管领导者或管理者在提升员工创造力方面有着特别重要的作用，但领导者对创造力的影响因其特定的角色特征而异，领导对员工创新的关心、支持和正面反馈对员工创造力有积极影响作用（George et al.，2007；徐振亭 等，2016）。不同的领导风格对创造力的影响作用有亦差异，Wang等（2010）指出当下属将创造力作为其角色任务的重要组成部分时，仁慈型领导对下属的创造力具有促进作用。Zhang等（2010）研究揭示了授权型领导对员工创造力的间接影响效应，授权型领导通过内在激励等中介机制对创造力有积极影响作用；变革型领导鼓励员工改变墨守成规的思维方式，鼓励员工自由表达观点，为员工的创新活动提供资源支持（丁琳 等，2008；Gong，2010），下属对变革型领导的感知和认同有助于其产生从事创新活动的内在动机，进而产生创造力（胡泓 等，2012；张昊民 等，2016）。但过多的监管和干涉对员工创造力具有抑制作用（Shalley et al.，2004），领导的辱虐管理行为对员工的工作态度和心理健康有着严重的负面影响（吴隆增 等，2013；毛江华 等，2014；梁永奕 等，2015），对创造力产生起着消极影响作用（Zhang et al.，2014）。

（4）团队因素

员工与团队中其他成员或同事的沟通和交流，会对其创造力产生影响，团队成员的专业异质性是开展创造活动的基础条件，同事之间的交流可以互相提供不同的知识和经验，为创造性想法的产生提供基础。Shin等（2012）指出，团队认知多样性本身对员工的创造力并没有持续的影响，只有当员工表现出高度的创造性自我效能感时，才会对创造力产生积极影响。此外，团队氛围对员工创造力亦有重要的影响作用，团队对创新的支持和鼓励氛围，可以增强员工对创新的投入程度（Amabile et al.，1989；郝萌 等，2015），团队成员之间的良性竞争，对员工创造力亦有促进作用（Shalley et al.，2004），而团队的工作不安全氛围对创新行为具有抑制作用（杨付 等，2012）。

（5）组织因素

组织是员工工作所处的复杂社会系统，组织规范、组织氛围等组织特征都会对员工创造力产生影响（Woodman et al.，1993），其中组织支持和组织公平是影响员工创造力的重要因素。Yu等（2013）研究发现，员工对创造力的组织支持感知会影响其自身的创造力水平。顾远东等（2014）在实证研究中也证实了组织支持感对员工的创新行为有正向影响作用。谢俊等（2013）从组织公正视角探讨了程序公正、人际公正对员工创造力影响，研究发现在心理授权的中介作用下，程序公正和人际公正对员工创造力均有显著的正向影响作用。此外，绩效薪酬对员工创造力的影响得到了学术界的广泛承认（Eisenberger et al.，1998；Deci et al.，1999；张勇 等，2013；张勇 等，2014；），但认知心理学派和行为心理学派对二者关系的争论仍然存在，实证研究中二者关系已由线性拓展到非线性，由于在现实的组织管理情境中，不同的绩效薪酬强度下,个体对认知控制的权衡和行为选择会呈现截然不同的状态。杨涛等(2017)建议未来的研究可以从动态心理计量过程视角,讨论在不同的绩效薪酬激励强度下员工从事创新活动的选择与决策。

2. 团队创造力的影响因素

团队创造力是由员工创造力衍生而来的概念。随着对团队创造力的研究引向深入,学者们发现团队创造力的衡量并不是将个体创造力的简单加总求和或求平均值,团队创造力具有整体性特征,由团队成员互动形成,团队组成、团队过程和团队领导对其有较大影响。Woodman等(1993)提出的创造力整合模型(图2.2),认为创新结果是一个包含个体、团队和组织相关变量的函数,创新开始于个体参与创造过程,个体、团队和组织因素是创新的投入,这些变量在创造过程中受到情境因素的影响,变量与情境的交互作用影响着创新产出。Mumford(2000)从管理实践视角提出了对创造力有促进作用的人力资源管理战略,认为组织在对创造力进行干预时,要充分考虑个体、团队、组织和环境等多层次因素。Hargadon等(2006)提出的集体创造力模型,聚焦于从社会互动视角,将创造性解决问题的研究从个体向集体互动转变。上述理论为后续的团队创造力理论和实证研究提供了坚实的理论基础。

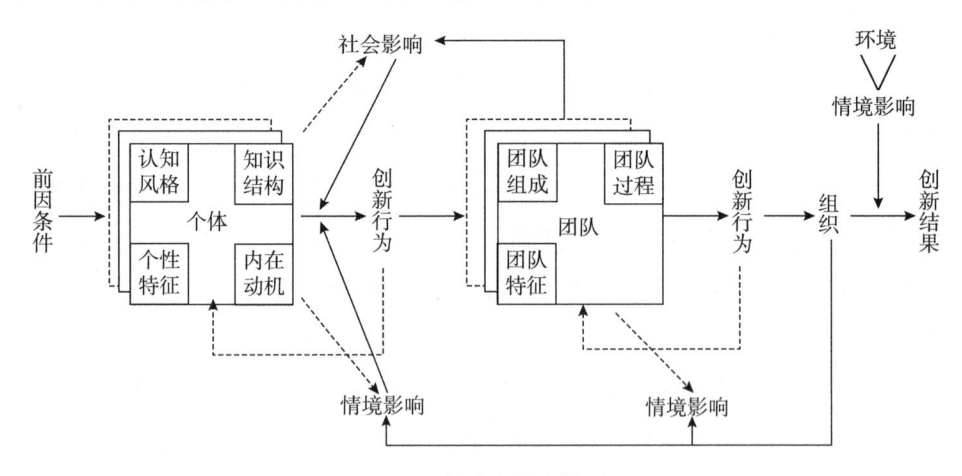

图2.2 创造力整合模型

资料来源:Woodman R W, Sawyer J E, Griffin R W. Toward a theory of organizational creativity [J]. Academy of Management Review, 1993, 18(2): 293-321.

（1）个体因素

员工个体对团队创造力的影响主要包括个体性格特征、认知风格、情绪和内在的创新能力等因素。Goncalo等（2012）在实验中检验从众压力、规范内容（个人主义与集体主义）以及团队成员的创造性人格对团队创造力的联合效应。具体而言，由低创造性人格成员组成的团队在高从众压力情境下，个人主义规范会产生更高的团队创造力水平，而由高创造性人格成员组成的团队在低从众压力情境下，个人主义规范会产生更高的团队创造力水平。团队创造力的产生需要团队成员具有一定程度的激情或内在力量，促使个人坚持不懈地面对创造性工作所固有的挑战（Joo et al., 2013）。此外，员工的过往经验也是团队创造力的必要组成部分，虽然过往经验可能导致惯性思维，但工作领域已掌握的经验和技能有助于为创造力产生提供基本储备（Shalley et al., 2004）。

（2）团队组成

团队创造力形成于复杂的团队互动过程中，同时也受到诸如团队异质性等情境因素的影响（Egan, 2005; Chae et al., 2015; 倪旭东 等, 2016）。陈文春等（2017）研究发现，团队成员的知识异质性通过促进团队学习行为，对团队创造力具有增强作用，而团队成员的价值观异质性通过抑制团队学习行为，对团队创造力具有削弱作用。Baer（2010）研究表明团队成员变化对团队内部竞争与团队创造力的关系具有调节作用，在成员稳定的团队中，从低水平到中等水平的团队内部竞争对团队创造力的正向影响作用递增，而从中等水平到高水平的团队内部竞争对团队创造力的正向影响作用递减；当加入团队成员变化因素后，团队内部竞争与团队创造力呈"U"型关系，团队内部竞争处于中等水平时，团队创造力最低，说明新成员的加入及其对资源的利用对团队创造力的影响最为明显。

（3）团队过程

Gajendran等（2012）在对全球分布式团队的创新研究中发现，领导成员交换的质量与沟通频率的交互作用对决策制定有影响作用，当沟通频率高时，领导成员交换的质量正向影响决策制定，而当沟通频率低时，领导成员交换的质量对决策制定没有影响作用。团队离散化、领导成员交换与沟通频率三项交互影响决策制定，在高沟通频率下，当团队离散化程度高时，领导成员交换对决策制定具有更积极的影响作用，进而对团队创造力有促进作用；而在低沟通频率下，团队离散化并不调节领导成员交换与决策制定的关系。Hargadon等（2006）将团队创造力描述为一个短暂发生的事件，其更有可能发生在团队成员参与到帮助给予、帮助寻求和反思重构的过程中，员工乐观的经验、共同的价值观、鼓励或明确的期望对帮助给予、帮助寻求和反思重构行为具有促进作用。此外，学者们将个体层面的情绪拓展到团队层面的情绪氛围，研究其对团队创造力的影响。Shin（2014）研究发现，认知过程（团队反思）和激励过程（团队促进聚焦）在团队情绪氛围与团队创造力之间起中介作用。

（4）团队领导

特定的领导特征和风格可以充分发挥团队信息资源所固有的积极潜力，是团队创造力形成的必要条件（Zhou et al.，2014；蒿坡 等，2015；李燃 等，2016）。变革型领导的理想化影响和领导感召力，对团队成员的身份认同具有促进作用，进而激发成员创造性开展工作。此外，变革型领导可以帮助团队成员通过发散性思维从不同的角度思考和解决问题，有助于产生创造性解决方案。Shin等（2007）研究表明，变革型领导调节教育背景异质性对团队创造力的直接和间接效应，在高变革型领导情境下，教育背景异质性对团队的创造性自我效能感和团队创造力产生积极的影响。Kim等（2015）研究发现，信任型领导调节团队学习目标导向与团队创造力之间通过团队信息交换的间接效应，只有当员工对领导的信任度高时，间接效应的正向影响才显著；信任型领导调节表现目标导向与团队创造力之间通过团队信息交换的间接效应，员工对领导的信任度越低，正向影响效应越强，而员工对领导的信任度越高，负向影响效应越强。家长式领导是东方文化中特有的领导方式，既包含了领导在管理上的威权，又包含了对员工个体的关怀。Zhou（2006）在东西方不同文化背景下对家长式领导与团队创造力的关系研究发现，在东方文化背景下家长式领导通过内在动机的中介作用对团队创造力有正向影响作用，而在西方文化背景下这一作用机制并不存在。

2.1.4 创造进程参与与创造力的关系

创造进程参与（creative process engagement）从问题解决的文献中衍生而来，创造性过程包含人们通过探寻自己的思想和周围环境来提出不同的备选方案并产生潜在的问题解决途径（Perry-Smith，2006）。创造进程参与不同于标准的问题解决和理性的决策制定，主要体现在：（1）创造过程关注不明确的问题，而不是标准化的问题；（2）创造过程是客观地产生新的、不同的解决方案；（3）信息在创造过程中被搜集、编码、组合或重组（Lubart，2001）。

创造进程参与是指员工投入或参与到与创造相关的过程中，包括三个阶段：（1）问题识别；（2）信息搜集和编码；（3）创意形成（Zhang et al.，2010）。国内有学者将其译为创新过程涉入、或创新过程参与。创造进程参与的概念包含了创造过程和员工参与两个基础理论。"创造过程"这一术语，最早由Amabile（1988）提出，其在创造力过程模型将创造过程划分为五个阶段（图2.3），阶段一是任务或问题描述；阶段二是准备阶段；阶段三是新想法或新产品的产生阶段；阶段四是验证提出的想法是否符合要求；阶段五是阶段四验证后的结果。如果已达到了初始目标，结果符合预期要求则过程终止；如果没有产生合理的想法，过程以宣告失败而终止；如果目标实现已有一定进展，或将有可能产生合理的想法，则此过程再重新回到阶段一。对于组织创新而言，员工参与代表了其参与到与创新相关的活动中，企业创新的基础是有更多的员工参与到创造过程中。

问题识别阶段的高水平参与需要问题解决者花费大量时间试图从多个角度理解问题的本质，并确定所需解决问题的目标、过程或限制条件。个体以问题结构为指导，从内外部多个来源（如个人记忆、他人经历和网络等）广泛搜集信息，并将信息进行编码和存储，以便将来使用。然后，个人将来自不同来源的信息进行整合，产生多个创造性的解决方案用以解决第一个阶段所发现的问题。需要指出的是，与创造相关的三个阶段并不是孤立存在的，而是以循环的方式发生（Mumford et al.，1991），在问题识别过程完成之前，搜索信息可能已开始,问题解决者在生成想法和替代方案时可能要返回到之前的进程中。参与到创造过程中是产生创造力的第一步,是先于创造性结果的过程。目前,大部分创造力研究都集中于创造力的结果上(George et al., 2002; Amabile et al., 2005; Binnewies et al., 2011),没有能够有效解释产生创造性结果的活动过程而受到学者们的批评(Gilson et al., 2004)。

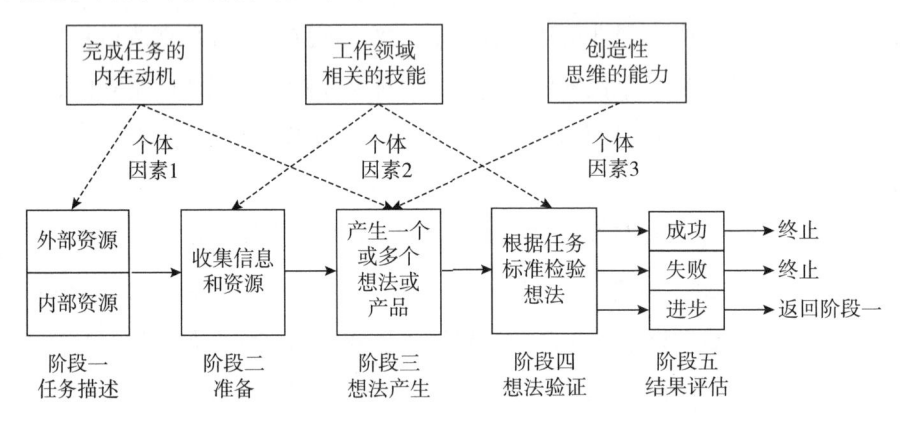

图2.3 基于创造力组成理论的创造力过程模型

资料来源:Amabile T M. A model of creativity and innovation in organizations [J]. Research in Organizational Behavior, 1988, 10 (10): 123-167.

创造过程参与开始于问题识别阶段,在这一阶段员工首先需要定义问题(Mumford, 2000),并通过问题分析识别所需解决问题的目标、流程、限制条件和相关信息(Reiter-Palmon et al., 2004),在创造过程的第一个阶段所花费的时间与解决方案的质量和独创性呈正相关关系(Reiter-Palmon et al., 1997)。在问题识别阶段付出的努力越多越有助于准确地表达问题,有助于产生更多原创性的想法(Reiter-Palmon et al., 1998; Redmond et al., 1993),对创造力的产生具有促进作用。

发现问题后,员工开始着手收集和处理相关信息(Zhang et al., 2010)。这一阶段主要涉及信息和相关概念的搜集以便从深层次理解所识别的问题(Mumford, 2000)。信息搜集和编码过程既包括整合已有的概念也包括运用内在和外部的信息资源构建新的概念(Reiter-Palmon et al., 2004),在信息搜集和编码阶段所花费的时间与解决方案的质量呈正相关关系(Illies et al.,

2004），同时有助于创造力的产生。在整合与问题相关的信息、发展与问题相关的概念后，将触发创造进程的最后一个阶段：创意形成。对搜集到的信息进行综合分析和重组有助于从新的视角理解问题，对新理解的探索和应用将会形成一系列新的想法（Mumford，2000）。

Zhang等（2010）在研究中假设创造进程参与对创造性绩效具有促进作用，因为当员工高度参与到创造进程时，倾向于付出更多的努力来确定问题，搜寻相关信息，并探索问题解决的可能性，进而更有可能产生新奇和有用的想法。正如假设所预期，研究结果支持了创造进程参与与员工创造性绩效的正相关关系。

2.1.5　团队知识共享与创造力的关系

知识共享被定义为一个团队过程，是团队成员之间通过各种沟通媒介和交流方式来相互转移其所拥有的想法、知识、经验和技能的活动（Nonaka，1991；路琳，2015）。从一个团队到另一个团队的知识流动，通常被称为传输、传播、分布或更广泛的知识共享（Jantunen et al.，2004）。知识共享可以被解释为一种社会互动的文化，员工的知识、经验和技能可以在团队或组织中交换，员工基于组织以往的经验获取、整合、再利用和传递知识，以便于组织内的其他成员能够获得更多的知识（Choi et al.，2010；Kakar，2017）。知识共享是员工促进知识应用、创新和形成组织竞争优势的一种基本方式（Jackson et al.，2006），在员工之间、团队内部和团队之间共享知识，使组织能够充分利用和受益于基于知识的资源要素（Cabrera et al.，2005）。组织营造知识共享的文化氛围，不仅仅是将知识直接集成到商业活动中，还要通过改变员工的态度和行为来提高知识分享意愿（Connelly et al.，2003），领导者对团队知识交换的有效激励可以显著提高团队绩效（Reiter-Palmon et al.，2004）。

团队知识共享是激发团队创造力的一个关键过程，在这个过程中组织需要面对多方面的挑战（Levine et al.，2004），如努力增强团队成员的知识分享动力（Levine et al.，2003）、鼓励团队成员相互交流想法，营造团队学习和知识整合的氛围（Just et al.，2009）、认真考量已产生的想法的有用性和新颖性

（Rietzschel et al.，2006）。

创造力通常是将不同领域的知识连接和整合起来（Hargadon，2008；Kohn et al.，2011），员工通过导入和连接在其他领域获得知识以产生新奇的想法。团队可以为连接和结合现有元素以产生新颖想法提供平台，允许每个团队成员通过其他成员的社交网络，获取更广泛的知识（Baker，2000）。此外，不同的团队也可以共享每个团队成员所拥有的不同的知识，但在许多组织中，严格的部门划分阻碍了团队之间有效的知识交换（Hansen，2002）。

团队创造性想法的产生需要团队成员仔细搜索相关知识库，并与其他成员分享相关的想法或信息（Paulus et al.，2007）。Bresman（2010）研究表明在学习过程中充分应用信息资源是提升团队绩效的关键驱动力，经常从外部获取信息的成员之间充分交流和共享知识有助于产生更多的想法并取得成功（Hulsheger et al.，2009）。管理者通过方向指引和促进"参与者之间的互动"（Nonaka et al.，2005），帮助组织建立、维护和促进知识创造的环境。Paletz和Schunn（2010）强调了正式角色和沟通规范对于团队有效互动具有重要作用，管理者对知识共享的支持，可以促进团队成员之间高度信任和开放沟通，管理者需要引导团队协作性工作，因为团队协助工作更有可能清晰地识别和定义真正的问题，并找到相应的创造性解决方案（Basadur et al.，2006）。

2.1.6 研究评述

首先，国内外关于创造力的研究已取得丰硕成果，但创造力研究的概念框架、理论模型和测量量表主要由西方学者提出并验证。近年来，创造力的研究虽已受到中国学者的广泛关注，但主要聚焦于创造力的实证研究而对理论研究的贡献甚少，对创造力的研究仍处于探索阶段。由于东西方在经济发展和社会文化上存在着较大差异，西方文化背景下的理论和实证研究结论在中国高权力距离、高背景文化、重视人际和谐和集体主义的情境下是否适用，有待于学者们进一步探讨。

其次，已有关于创造力的研究大多集中在对潜在的积极因素研究上，而对阻碍或抑制创造力的因素研究较少。这可能与创造力自身的特征有关，因为创造力常常被看作是一种不常见的结果，有时会超出员工的工作描述，尤其容易受到干扰，需要精心的培养。这种见解也反映了在理论界和管理实践中对创造力的强烈愿望。然而研究表明，消极因素的影响与积极因素的影响之间存在相对广泛的不对称，而负面因素往往会产生更强或更持久的影响（Baumeister et al.，2001）。因此，有待于进一步挖掘抑制创造力的前因变量或情境变量，以便于组织规避其对创造力产生的负面效应。

第三，学者们已从多角度、多层面研究创造力的影响因素，从组成理论、认知理论和内隐理论等理论视角解释了创造力的形成，但创造力形成机制的黑箱仍未完全打开，创造力形成过程的内在机理有待于进一步深入剖析。因此，在知识经济时代背景下，创造力影响因素研究还需从更多视角切入，特别是从过程视角研究创造力形成的内在机理，以便更好地解释和预测创造力。

2.2 创新要求文献综述

2.2.1 工作创新要求的概念

学者们已从组织层次和员工个体视角对工作创新要求的概念和内涵进行了界定。当客户对企业产品或服务不满意、外在需求拉动或自身认为需要改变时，组织创新需求即被触发，组织视角认为工作创新要求是组织工作设计的一部分，鼓励工作复杂性、自主性和创造性，也常被视为工作描述的一部分（Unsworth et al.，2005），体现了组织对员工的外部要求和期望（Yuan et al.，2010）。个体视角认为工作创新要求是员工感知到的组织期望或需要其产生与工作相关的想法（Unsworth et al.，2005）。作为一种感知，员工对创新要求的心理感知包含明确的要求（如被告知应具有创新性）和一些其他线索（如作为工作要求的响应）。

目标设置理论（Locke，1976）为工作创新要求的概念形成提供了坚实的理论基础，目标设置理论指出具体的、困难的（但可达到的）目标与一般性目标相比，会产生更高的生产力。在创造力研究领域，工作创新要求被视为一种特殊的目标——表现或结果应具有创造性。Shalley（1995）对学生的实验研究结果表明，无论是"尽你所能"还是"高难度"的创新性目标，对学生的创造力水平均有提升作用，研究结果为工作创新要求的有效性提供了强有力的证据。

2.2.2　工作创新要求的测量

在以往的文献中，研究者对工作创新要求的测量不尽相同，主要聚焦于从团队视角和员工个体视角对工作创新要求进行测量。

Scott等（1994）在对研发人员的研究中，使用单一题项"该员工正如组织所期望，是一个创新者或创新支持者"用于主管对下属的角色评估。虽然研究发现主管期望对员工的创新行为有积极影响作用，为工作创新要求与创造力的关系研究提供了初始证据，但存在着两个方面的问题：一是量表为单一维度，信度和效度难以确定；二是该题项测量主管对员工角色期望的感知而不是直接测量员工个体对工作创新要求的感知。

Shalley等（2000）在锚定岗位角色创新要求的基础上结合员工工作创新要求自评对工作创新要求进行测量。首先，由研究者从职业分类中根据角色信息对角色的创新要求进行评分，该评分只反映了职业特性，与员工所在的组织和具体任务特征没有关联；其次，使用单一题项"我的工作要求我应具有创造性"，由员工自评其对工作创新要求的感知；最后，筛选出两个测量中评分相匹配的员工作为实证研究对象。研究结果证实所测量的工作创新要求与工作复杂性、授权和时间要求正相关，与组织控制程度负向关。但该测量混淆了两个层次的分析，即一般的角色要求（从岗位角色中推断出来）并不等同于工作要求（从自我报告中推断）。

Gilson等（2004）从团队视角运用四题项量表测量工作创新要求。将Shalley等（2000）从个体层次测量工作创新要求的单一题项"我的工作要求我应具有创造性"整合到团队层次，在此基础上增加了"我的团队所承担的任务需要我们创造性地开展工作""我的团队需要运用新的方式或方法来完成工作""为了让我的团队表现优异，我们必须考虑在工作中运用原创的或新颖的方法"三个题项。该测量的克伦巴赫α值为0.87。

Yuan等（2010）从员工个体视角运用五题项量表测量工作创新要求。该量表用于测量个体对工作创新要求的感知，主要题项为"我的工作职责包含了寻找新技术和新方法""将新观点和想法引入组织是我工作的一部分""我不需要通过创新来满足我的工作需求（反向）""我的工作要求我尝试运用新方法来解决问题""提出新的想法是我的工作职责的一部分"。该测量的克伦巴赫α值为0.85。

2.2.3 工作创新要求与创造力的关系

工作创新要求起着"创造力提示"的作用（George，2007），同时也向员工传递了创造力是组织所期望的工作行为（Madjar et al.，2008）。员工的正式工作角色是一个可能影响员工创新行为的潜在因素，Kanter（1988）认为，员工的岗位职责可以作为激发创新的原动力之一。从社会政治的角度来看，工作创新要求对员工而言代表了组织对创新的外部要求和期望（Yuan et al.，2010）。在创造力研究领域中，工作创新要求作为创造力的前因和预测变量已受到学者们的广泛关注（Hon，2013；Robinson-Morral et al.，2013）。Unsworth等（2005）将工作创新要求作为中介变量解释了授权、时间要求和领导支持与员工创造力之间的关系，研究发现授权和时间要求与创造力之间存在着直接效应，但效应值远低于在工作创新要求中介作用下的间接效应。直接效应值低于间接效应值最可能的解释是授权和时间要求对创新要求的增加具有促进作用，进而对员工创造力产生影响。工作创新要求与创造力的关系研究已成为近年来学者们关注的热点，但已有研究结论并不一致。

部分研究认为工作创新要求正向影响员工创造力（Gilson et al.，2004；Shin et al.，2017）。Shin等（2017）从意义建构视角研究发现，工作创新要求正向影响员工创造力，当员工的创新内在兴趣越低时，正向影响作用越强。此外，当员工的创新内在兴趣较低时，只有当员工认为创新要求非常重要时，或员工认为做好工作是个人在组织中成功的关键，或员工认可创新行为对组织贡献的价值，工作创新要求对创造力才有正向影响。

另一些研究却发现两者之间的关系比较复杂。Unsworth等（2010）研究发现，工作创新要求是员工从事创新性活动的前因变量之一，员工是否参与到创新过程中取决于其对创新是否有价值的判断。Yuan等（2010）的研究中假设工作创新要求正向影响员工创造力，研究结果却发现在不同中介变量作用下结果有差异，工作创新要求在预期形象风险和预期形象收益的中介作用下负向影响员工创造力，工作创新要求在预期积极的绩效结果中介作用下正向影响员工创造力。此外，Tierney等（2011）研究发现随着员工感知工作创新要求的增加，其创造性自我效能却逐渐降低进而对员工创造力具有抑制作用。

2.2.4 研究评述

首先，依据组织层次和员工个体视角对工作创新要求的概念内涵，本书将个体层次的工作创新要求界定为员工感知到的组织期望或需要其产生与工作相关的想法；将团队层次的工作创新要求界定为组织在工作设计中要求团队创造性开展工作，并运用原创的或新颖的方法完成工作。

其次，工作创新要求的研究主要集中在西方文化背景下，鲜有学者在中国本土情境中研究工作创新要求对创造力的影响，在创新驱动的时代背景下中国企业对创新的需求更加迫切，要求更加明确。管理实践迫切需要通过理论研究揭示在中国本土情境下工作创新要求内化为创造力的内在机理，为组织内创造力提升提供理论和实践指导。

最后，已有研究表明工作创新要求与员工创造力之间的关系仍然存在着不确定性。经过文献分析比较发现，二者关系的研究结论出现不一致的原因主要在于：第一，缺乏探讨工作创新要求与员工创造力关系的内在作用机理；第二，较少从作用机制和边界条件的共同作用下考察工作创新要求与员工创造力的关系。Unsworth等（2010）指出提高创造性行为的参与度是提高创造力水平的一个基本要素，从过程视角解释工作创新要求与创造力的关系，有助于揭示工作创新要求内化为创造力的内在机理。

2.3 压力评估文献综述

2.3.1 挑战性和阻断性压力评估概述

在完成组织目标过程中，组织中的团队及团队成员普遍认为存在着工作压力，工作压力已成为组织行为研究中学者们关注的重要议题之一。Lazarus等（1978）认为工作压力是人在工作中所处的情境因素与个体因素交互作用后产生的一种心理紧张现象。依据Lazarus等（1984）的压力及应对交互作用模型，个体对特定事件的压力感及随后的适应性取决于其对事件的评估和自身的应对能力，以及资源的支持和处理事件的应对策略。个体对事件的评估通常包括损失、威胁、挑战、可控性和严重程度等维度（Peacock et al., 1990），压力应对的分类通常包括适应性策略（如积极应对、积极重新解释和寻求社会支持）和不适应策略（如否认、行为和精神脱离）（Carver et al., 1989）。

已有实证研究表明，工作压力对员工行为和结果的影响并不都是负面的，有些压力对员工绩效和创造力等方面具有促进作用（Nguyen et al., 2012; Byron et al., 2010; Ceci et al., 2016）。压力研究的奠基人Selye（1982）认为压力有"好"和"坏"之分，建议对压力的区分不应按水平的高低而应按类型的差异，但他未能深入探讨压力的分类框架。Lazarus等（1984）从认知交互理论视角，阐述了压力是情境要求与个体应对要求的能力之间的交互作用，个体压力的产生主要取决于其对所处情境的认知评价。面对同样的情境要求时，不同的个体由于其自身能力和态度的差异，可能做出挑战评估，也可能做出威胁评估。当个体认为情境要求在自己能力范围之内或超出能力范围但仍有信心去完成，就会做出挑战评估；当个体认为情境要求超出了自己的能力范围且自己没有信心完成情境要求，就会做出威胁评估。

Cavanaugh等（2000）在已有研究的基础上提出挑战性和阻断性压力源的概念，挑战性压力源所带来的压力个体认为能够克服，对自己的工作绩效与成长具有积极意义，例如工作负荷、时间紧迫性、工作范围与职责、工作复杂性等；阻断性压力源所带来的压力个体认为难以克服，对自己工作目标的实现与职业生涯的发展具有阻碍作用，例如组织政治、角色模糊与冲突、官僚程序、工作不安全感等（Webster et al., 2011）。根据挑战性和阻断性压力源的含义，挑战性压力源虽然也会给个体带来压力，但个体认为压力一旦得以克服，自己就会在工作绩效、职场晋升及未来成长等方面获得收益与回报，因此对此类压力做出挑战性评估，进而采取积极的应对策略（Webster et al., 2011）。

相对而言，阻碍性压力源所带来的压力，对个体工作目标的实现及未来的成长和发展会产生阻碍作用，而且个体认为在未来难以得到期望的收益与回报，因此对此类压力做出阻断性评估，进而采取消极应对策略，如采取退缩或离职等行为（Podsakoff et al., 2007）。

"挑战性和阻断性压力源"研究框架下的实证研究发现，挑战性压力和阻断性压力与紧张和倦怠有正相关关系，但与工作态度、情绪、参与和动机的关系取决于压力源的不同类型，进而对工作绩效产生相反影响。元分析为挑战性压力和阻断性压力与工作态度（Podsakoff et al., 2007）、参与（Crawford et al., 2010）、动机（Lepine et al., 2005）和个人绩效（Lepine et al., 2005）之间的差异化关系提供支持。已有研究证实了挑战性压力和阻断性压力通过影响情感进而对组织公民行为和反生产行为有不同的影响作用（Rodell et al., 2009），挑战性压力和阻断性压力对团队绩效也有差异化影响（Pearsallet et al., 2009）。综上所述，已有研究表明，挑战性压力和阻断性压力均正向影响心理紧张，挑战性压力正向影响个体和团队绩效，而阻碍性压力则通过不同的态度、动机和情绪反应负向影响个体和团队绩效。

2.3.2 工作创新要求与挑战性和阻断性压力评估的关系

在竞争激烈的市场中，对员工赋予创新要求是企业提高员工绩效和服务质量的最佳途径之一，能够有效提高顾客的满意度和忠诚度（Liao et al., 2004）。管理者应尽其所能，确保员工能够满足工作创新的要求，并提高他们的工作绩效。在心理学研究中，工作要求是指个人需要完成社会和组织等方面的工作（Demerouti et al., 2001；赵简 等，2013）。

工作创新要求虽然是员工工作具有创造性的前因和预测变量，然而工作创新要求是否总是有助于创造力的产生，仍然存在着争议。因为产生创造性想法的过程中往往会提出一些既不新奇又无用的想法（George et al., 2001）。创造力的产生通常需要大量的辛勤工作和努力，需要花费大量的时间试错，是对现有管理系统和实践的挑战，对员工而言，往往是一项冒险的工作（Hon, 2012）。在这种情况下，员工可能会因为工作中的创新要求而感到工作压力，因为创新性的行为有风险，如果创新失败了，创新要求的发起者就会面临消极的后果。事实上，在常规工作状态下，员工都会面临着相当大的压力（Byron et al.，2010），更遑论在高于普通标准的工作创新要求下。工作引致的压力在环境因素的作用下破坏了个体认知—情绪—环境系统的平衡（House et al.，1972）。因此，工作创新要求是一个外部因素，可能会对工作环境中的大多数员工产生积极或消极影响。

依据Gutnick等（2012）提出的压力认知交互作用模型，个体在面对工作创新要求时，会自发产生两种不同的压力评估，进而产生不同的压力感知。当个体将工作创新要求视为工作职责或责任时，会将此类压力评估为挑战性压力；而将工作创新要求视为工作不安全感或职业发展受阻时，则会将此类压力评估为阻断性压力。

已有研究表明，挑战性压力和阻断性压力是两个独立的概念，原则上，在同一时间经历两种压力是可能的（Gutnick et al.，2012）。正如高标准、高风险的工作创新要求，一方面可能会导致高的压力感知并被视为具有挑战性的机遇，换言之，员工通过完成挑战性的任务能够彰显自己独特的竞争力；但另一方面也可能引发和加剧威胁的反应，因为最终的成功毕竟是不确定的。因此，挑战性压力评估和阻断性压力评估不是必然对立的，而工作创新要求可能同时启动并加强这两个看似对立的压力评估。

个体对压力评估后差异化的心理状态将对其心理和行为产生不同的作用，进而对创造力产生影响。挑战性评估会形成更高的认知灵活性和行为适应性（Compton et al.，2004），有助于创造力产生；而阻断性评估则会触发认知刚性和局限性思维模式，削弱员工创造力。然而Tomaka等（1997）的研究指出，由于生理反应的互相抵消，通常认为在特定的情境中，挑战性评估和阻断性评估可能同时发生，但只有一个处于主导地位（Gutnick et al.，2012）。

2.3.3 挑战性和阻断性压力评估与创造力的关系

员工倾向于将挑战性压力作为组织建立的潜在互惠准则，组织倾向于为潜在的有价值结果设置挑战性压力，如果员工能够克服，将会在物质和精神上得到奖励（Cavanaugh et al., 2000；Lepine et al., 2005）。Zhang等（2014）指出，挑战性压力源（如工作负担和责任）可以提高员工对组织的公平感知，认为员工在挑战性压力下更倾向于遵守互惠准则。例如，具有高度责任感的员工往往会将挑战性压力作为潜在回报的投资（Podsakoff et al., 2007），他们可能对社会交换很敏感，并积极响应组织的支持。此外，如果员工能够真正克服挑战性压力，将会从组织获得奖励。相比之下，处于阻断性压力下的员工将不会获得个人晋升等奖励机会（Lepine et al., 2005）。例如，在一个需要处理大量繁文缛节的公司里，员工可能需要花费大量的资源来抵消阻断性压力带来的负面影响，很少或根本没有回报。因此，他们可能认为交换过程是单向的，并不存在互惠准则（Zhang et al., 2014）。

员工在对工作创新要求的压力评估中，当挑战性评估占主导地位时，其任务意识感随之增强，虽然员工对工作创新要求具有一定的压力感，但同时也有被挑战和被重视的感觉。根据内在激励理论（Deci, 1971），内在激励是由外部强化转化为内在的自我决定，个体由专注于任务本身"要我做什么"转化到内在兴趣"我要做什么"，从而具有较高的内在动机水平（马君，2016）。工作挑战性会激发人的内在积极性，促进个体为成就感和满足感而努力工作。根据Amabile（1996）的创造力组成理论，内在动机对员工创造力的影响至关重要，因为内在动机可以促使员工努力克服创造性活动中的风险，有助于创造力的产生。由创造性工作要求所引致的挑战性压力，一方面可以增强员工的内在动机水平，促使其努力工作；另一方面可以调动员工的工作积极性，通过主观能动性的充分发挥，创造性地解决挑战性问题，产生高水平的创造力。

员工在对工作创新要求的压力评估中，当阻断性评估占主导地位时，由于阻断性压力具有消极作用，员工会产生回避、甚至放弃的念头，工作努力程度会随之降低。员工往往以完成最低工作要求为目标，不愿意为承担更多的责任而努力工作。同时，当员工主要关注压力的负面作用时，意识和行动上会尽最大可能规避负面作用所可能带来的影响，从而降低其从事创造性活动的内在动机。工作创新要求所引致的阻断性压力削弱了创造性内在动机，进而对员工创造力产生抑制作用。

2.3.4 研究评述

首先,压力评估对创造力的影响已成为组织行为学研究的热点问题。上述研究发现,组织行为中的压力评估研究已从个体特质拓展到个体与情境的交互作用方面,并区分挑战性压力评估和阻断性压力评估对组织目标实现和个人成长与发展的差异化影响。学者们逐步聚焦于组织管理实践中如何发挥压力评估的积极作用,缓解压力评估的消极作用,但压力评估影响创造力的内在机制相关研究仍缺乏探讨。

其次,压力评估作为影响创造力的边界条件探讨不够充分。以往研究主要关注于从组织氛围、领导支持等方面如何营造一个有助于创造力产生的工作环境,忽视了被认为对创造力产生有抑制作用的压力评估所可能具有的积极作用。因此,系统阐述压力评估对创造力调节作用的二元性特征已经成为组织行为学研究的重要课题。

2.4 文献综述述评

已有研究在创造力、工作创新要求、团队知识共享和压力评估等方面已经取得了大量有价值的研究成果。但工作创新要求与创造力的关系研究仍需要进一步补充和完善,主要体现在以下几个方面。

1. 工作创新要求与创造力的关系仍不明朗

现有研究中个体层次工作创新要求与员工创造力之间的关系仍然存在着不确定性。西方文化背景中工作创新要求与员工创造力关系的实证研究结论中,既有工作创新要求正向员工创造力,也有工作创新要求负向影响员工创造力,而中国本土情境中尚未有二者关系的实证研究。未来研究需要在中国本土情境中验证工作创新要求与创造力的关系是否也存在着不一致的研究结论,并进一步探讨差异化文化背景下工作创新要求与创造力的关系,深入挖掘影响工作创新要求与创造力关系的文化因素。

2. 工作创新要求对创造力的影响机制尚不明确

现有工作创新要求与创造力的关系研究主要从意义建构和自我效能感等

理论视角探讨二者关系，但仍未有结论证实何种理论能够有效解释工作创新要求与创造力之间的"黑箱"。工作创新要求的概念表明创新要求是组织对团队和员工的创新期待，创新期待并不必然产生创造力，创新期待的实现需要员工参与到创造过程中，如果外部的创新期待不能有效驱动组织或员工的创新行为，创造力就难以产生。此外，员工在组织的创新期待下并不必然会积极主动参与到创造过程中，员工在从事创造性活动中会权衡创新要求是否超出自身的能力范围以及是否有助于个人的成长和发展，并考虑团队内部是否具有积极的情绪氛围等因素。未来的研究可以基于期望效应，从过程视角并考虑情境因素的影响作用揭示工作创新要求对创造力的影响机制。

3.缺乏工作创新要求与创造力关系研究的多层次框架

现有研究认为工作创新要求是创造力研究的前因变量之一，对工作创新要求与创造力的关系研究仍处于探索阶段，研究视角主要集中于员工个体层次。依据工作创新要求的内涵，工作创新要求既可以理解为个体层次员工感知到的组织期望或需要其产生与工作相关的想法，也可以理解为组织在工作设计中要求团队创造性开展工作。然而现有文献中很少涉及团队层面的工作创新要求对员工创造力和团队创造力的影响。整合工作创新要求的多层次概念以及员工创造力和团队创造力，构建一个整合工作创新要求与创造力的多层次理论模型，是未来工作创新要求与创造力关系研究的主要方向之一。

2.5 理论模型构建

2.5.1 基础理论

基础理论是构建理论模型与提出研究假设的基础和依据。本书对工作创新要求与创造力的关系研究中涉及的基础理论主要包括期望效应、I-P-O模型、压力认知交互作用理论和社会信息加工理论。

1.期望效应

期望效应又称"皮格马利翁效应"或"罗森塔尔效应"（杜健梅 等，2002），来源于古希腊的一个充满传奇色彩的故事。相传塞浦路斯国王皮格马利翁是一个优秀的雕刻家,他爱上了其用象牙所雕刻的美少女,希望美少女能由雕像变成真人,爱神阿劳芙罗狄特被他真挚的爱所感动,赋予雕像以生命使其成为真人,最终皮格马利翁如愿与美少女结为夫妇。故事虽是虚构和隐喻的,但皮格马利翁效应在现实生活中却经常发生。期望效应表明:期待者将自己的期望传递给被期待者,会对被期待者的心理和行为产生影响,最终有助于期望成为现实(Rosenthal et al., 1966)。

以美国哈佛大学著名心理学家罗森塔尔教授为首的心理学家们对期望效应进行了一系列研究。早期研究开始于动物实验,罗森塔尔教授将老鼠分为A群和B群,告知训练A群老鼠的实验员,A群老鼠智商很高、非常聪明;而告知训练B群老鼠的另一个实验员,B群老鼠智商平庸,不够聪明。两个实验员对老鼠分别训练一段时间后,罗森塔尔教授运用老鼠穿越迷宫的方法对这两群老鼠进行测试,结果发现,A群老鼠明显比B群老鼠聪明,都先跑出去了。实际上,罗森塔尔教授对A群和B群是随机分组的,他自己根本不知道究竟哪只老鼠更聪明。一个实验员用训练聪明老鼠的方法训练A群,另一个实验员用训练笨老鼠的方法训练B群,结果A群老鼠被训练成了聪明的老鼠,而B群老鼠却被训练成了不聪明的老鼠。

罗森塔尔和他的同事雅各布森在1968年又做了一个教育实验,将期望效应拓展到对人的研究上。罗森塔尔教授带着实验团队到一所普通小学,向老师们阐述要选取学生测验"发展潜力"。他们从6个年级的18个班中随机抽取了部分同学,然后郑重地告诉任课老师,选取的学生都是学校中最有发展潜能的,并一再嘱咐老师要在不让学生本人知道的情况下保持长期观察。八个月后,当实验团队再到该小学时,惊讶地发现被选取的学生不仅在智力和学业成绩上有明显的进步,而且在兴趣爱好、行为习惯和师生关系等方面都有了极大的变化。罗森塔尔教授的实验表明,学生的智力发展和成长与老师对其的关注程度相关联。如果教育者寄期望于受教育者,那么受教育者将会按教育者的期望去发展。

期望效应已广泛应用于学生教育、组织管理和社会生活各个领域。Niari等(2016)以希腊开放大学为例研究了期望效应在成人远程学习中的作用。研究发现虽然成年学生的自我激励水平已经很高，但是在诸如远程教育这样的新环境中，他们也会像儿童一样容易受到环境的影响。导师对学生的鼓励和支持，将影响他们对学习课程和远程学习的情感和态度。导师在鼓励和支持中所展现的积极期望能够引导成年学生产生积极的信任情感并减少距离的影响，导师和学生之间的互动证实了积极期望作用，并支持了期望效应影响学习的观点。

Duan等（2017）基于期望效应研究了变革型领导与员工建言之间的关系，认为变革型领导通过领导的建言期望和员工的建言角色感知对员工建言产生影响，同时还指出员工对变革型领导的认同将影响其将外部的领导建言期望内化为自身建言角色感知的程度，因为员工不是领导建言期望的被动接受者，而是是否接受和如何实现期望的积极行动者，员工对领导的态度，对领导的信任和喜爱都会对其建言行为产生影响。

Tierney等（2004）通过构建链式中介效应模型研究期望效应对员工创造力的影响，认为领导对员工创造力的期望决定了领导对员工创造力支持的程度，领导对员工创造力的支持程度影响着员工对创造力期望的看法，员工对创造力期望的看法影响着其自身的创造性自我效能感，进而对员工创造力产生影响。研究结果为将期望效应应用到创造力研究中提供了支持。

期望效应在创造力领域的研究尚处于起步阶段，已有研究主要从员工的心理反应角度探讨期望效应对创造力的影响，并没有揭示在期望效应作用下产生创造力的行为过程以及影响行为过程的情境因素。工作创新要求蕴含着领导对员工和团队的创新期望，本书将基于期望效应研究工作创新要求与创造力的关系，揭示在期望效应作用下个体和团队产生创造力的行为过程以及对行为过程有影响作用的情境因素。

2. I-P-O模型

基本的I-P-O（input-process-output）模型源于Gouran（1973）在沟通领域中的独立提案研究以及Hackman和Morris（1975）在心理学领域的研究。Gouran（1973）指出一个传播者的相关认知（包括信念、态度、动机、目标、情感和人格特质），被包含先前所讨论的内容等情境因素（输入）激活时，将影响其后续的信息处理过程（过程），进而对下一个传播者的认知产生影响

(输出），与此相一致的结论在企业管理（Weisband，1992）和心理学中普遍存在（Kelly et al.，1985）。

Hackman等（1975）根据团队工作设计、团队过程和团队效能之间的关系提出了基于I-P-O的团队系统理论，建构了以团队互动为中介变量的团队绩效一般研究范式（图2.4），认为输入通过互动过程影响绩效结果（Hackman et al.，1983）。个体层次（如个体的技能水平、态度和人格特征等）、团队层次（如团队结构、凝聚力水平和团队规模等）和组织层次（如工作特性、奖励结构和组织压力水平等）的输入经过团队互动过程，影响绩效结果（如绩效质量、解决问题的速度和差错的数量等）和其他方面的结果（如团队成员满意度、团队凝聚力和团队成员态度转变等）。

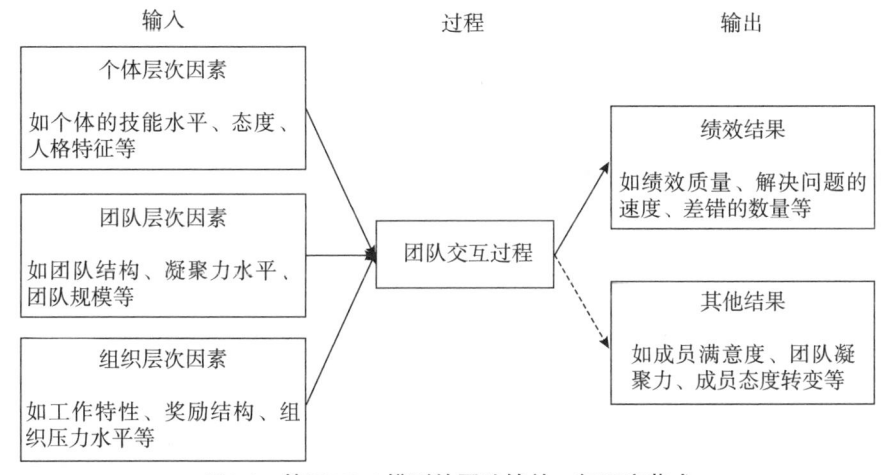

图2.4 基于I-P-O模型的团队绩效一般研究范式

资料来源：Hackman J R, Morris C G. Group tasks, group interaction process, and group performance effectiveness: A review and proposed integration [C]. In L. Berkowitz (Ed.), Advances in Experimental Social Psychology. New York: Academic Press, 1975 (8): 45-99.

Hackman等（1983）指出在探讨凝聚力高的团队在某些任务中比凝聚力低的团队表现得更好的原因时，可以通过考察团队交互过程的差异来解释具备高凝聚力团队和低凝聚力团队的绩效差异。由此可见，团队输入与输出关系的影响因素尽管通常隐藏于团队交互过程中，但可以通过分析团队交互过程来理解输入与输出的关系，Pavitt应用I-P-O模型区分论证、比较和遵从三种社会影响过程在团队决策制定中的差别化作用（Pavitt，2014）。

3. 压力认知交互作用理论

压力认知交互作用理论由美国心理学家Lazarus于1966年提出，是解释挑战性和阻断性压力评估最重要的基础理论之一。该理论认为压力既不是环境的产物，也是个体人格特质的产物，而是由个体与其所处环境的相互作用下产生，当个体评估自身所拥有的资源和所具备的能力已无法应对外在要求时，压力就会产生（Lazarus et al.，1984）。该理论还指出，个体是否产生压力不能直接由其面对的压力源来判断，因为不同个体面对同一压力源的感知可能存在差异，同一个体在不同的情境中对同一压力源的感知也可能有差异（李宗波等，2013）。压力是一个过程变量，这一过程随着时间和面对的压力源而发生变化（石林，2002）。

Lazarus等（1984）探讨了认知评价在压力评估中的作用，根据认知评价的先后顺序将认知评价分为初级评价、次级评价和再评价三种类型。初级评价为判断所处情境是否为压力源，可能将情境评估为有压力或无压力；次级评价为评价自己所具备的应对压力的资源和条件；再评价为在初级评价和次级评价的基础上对情境的再次评价。

Cavanaugh等（2000）进一步拓展Lazarus等（1984）的压力理论，提出了挑战性和阻断性压力源研究框架用以解释不同类型的压力与结果的关系。在这个理论框架中，挑战性压力源指对个人成长或奖励具有潜在作用的工作要求（Crawford et al.，2010），已研究证实的具有挑战性压力源特征的工作要求包括：工作负荷、时间压力、工作复杂性和责任等（Lepine et al.，2005；Webster et al.，2011；Zhang et al.，2014）。阻断性压力源指对个人成长或奖励不具有潜在作用的工作要求，事实上更有可能对个人成长或收益具有阻碍作用（Lepine et al.，2005；Crawford et al.，2010），已研究证实的具有阻断性压力源特征的工作要求包括：角色模糊、角色冲突、资源条件不足、人际冲突和组织政治等（Lepine et al.，2005；Webster et al.，2011；Zhang et al.，2014）。

依据压力认知交互作用理论（Lazarus et al.，1984），对个体的压力研究时需要考虑要求或事件对其重要性程度，因为个体对要求或事件的认识会影响其情绪和行为反应。挑战性压力意味着存在着挑战性要求，挑战性评估代表了个体对要求将有助于其收益、成长、发展和幸福感的主观认知，挑战性评估也可以理解为个体认为在组织要求的情境中付出时间和精力更有可能得到回报（Crawford et al., 2010），即具有潜在的成长和回报特征的工作要求更有可能引发挑战性评估。与此同时，阻断性压力意味着存在着阻断性要求，阻断性评估代表了个体对要求将会导致其个人损失、受到约束的主观认知，当很难确定时间和精力的投入是否会得到回报时，产生阻碍性评估的可能性更大，即不利于成长或回报，或者事实上对成长起阻碍作用的工作要求更有可能引发阻断性评估（Crawford et al., 2010）。

4. 社会信息加工理论

社会信息加工理论（Salancik et al., 1978）拓展了传统的信息加工理论，认为个体的活动和行为并不是发生在真空中的，通常会受到复杂的、模糊的社会情境的影响，在系统研究认知过程的基础上，着重强调个体所处环境对信息加工的影响。社会信息加工理论有一个基本的假设前提，作为生物有机体的个人，通常会基于所处的社会环境以及过去和现在面临的处境，不断调整自己的态度、行为和信念。社会信息加工理论认为个体常依据内外部环境信息来理解或解释自己或他人的行为，个体的态度和行为会根据从环境中获取的信息而做出适应性调整（段锦云 等，2014）。由此可见，人们的态度和行为不仅由自己的需要和目标决定，在很大程度上还受到周围社会环境的影响，并且当自己所处的社会环境具有很高的不确定性时，人们会更加寄希望于从社会环境中获得与工作态度、行为相关的信息。

社会信息加工理论提出，社会环境通常经过四种途径直接或者间接影响个体的工作态度和行为：（1）个体所处的社会环境具备用来描述工作环境特征的信息；（2）社会环境通过突出某些方面的社会信息，吸引个体的注意力，进而影响其工作态度和行为；（3）社会环境可以提供一些组织中其他成员如何评价工作环境的线索；（4）人们在社会互动的过程中有助于加深或者形成对自己需求、价值观和认知的理解，在这种理解基础上人们可以更好地评价周围的工作环境（李超平 等，2019）。

社会信息加工理论广泛关注个体在社会交往过程中产生行为反应的心理过程。Crick等（1994）认为个体在社会情境中的行为决定都经历了六个相对独立的连续性信息处理步骤，这些步骤为情境线索编码、线索解释、目标确立、建构或评估响应、决策制定和行为启动（Dodge et al. 2004；Bowen et al.，2014）。Crick等（1994）认为情绪在每一个步骤中都起着至关重要的作用，假设个体在每一步骤中都有情绪反应增加了决策制定的复杂性（Crick et al.，1994），但并没有明确阐述和解释情感在每一个步骤中所扮演的具体角色。Lemerise等（2000）综合信息加工处理的步骤和情绪对决策过程的影响，提出了情绪过程和社会信息加工的整合模型（图2.5）。

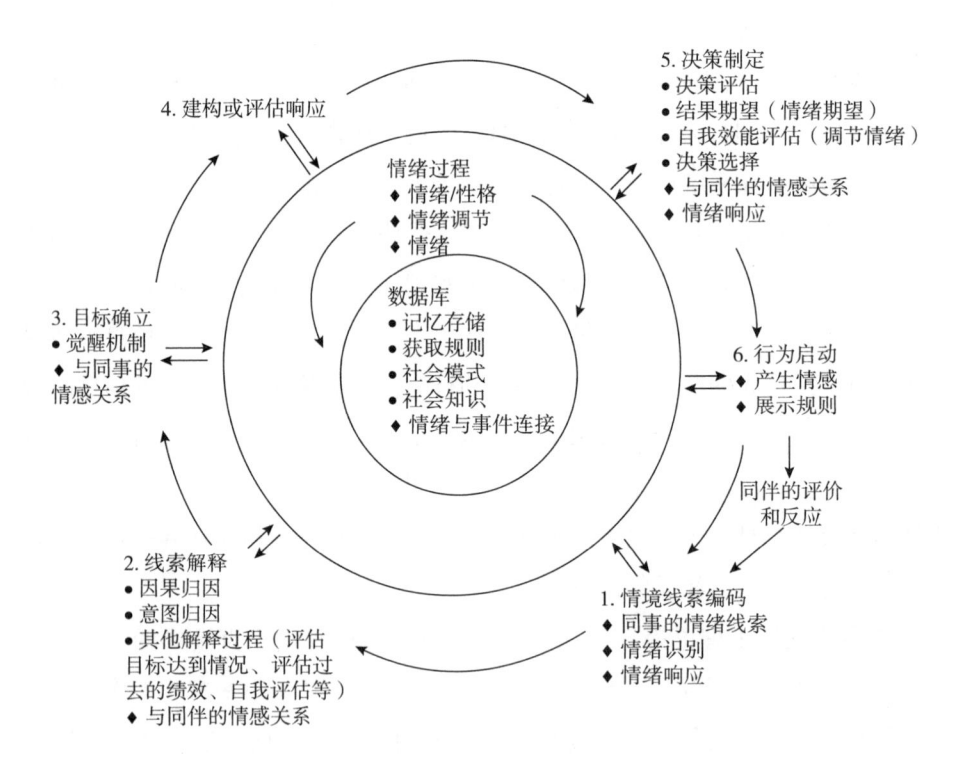

图2.5 情绪过程和社会信息加工整合模型

资料来源：Lemerise E A，Arsenio W F. An integrated model of emotion processes and cognition in social information processing [J]. Child Development，2000，71（1）：107-118.

具体而言，社会信息加工理论的第一步是在特定的情境下对内外部的线索进行编码（Crick et al., 1994），例如，先前所掌握的知识或与个体有关的特征变量，比如对某些行为的偏见，都是内部线索；任何新的线索都是外部线索，是个体从当前情境直接获得的，包括非语言的，情感的或口头的信息（Lansford et al., 2006）。第二步线索解释是一个复杂的阶段，在这一阶段，人们根据储存在个人"数据库"中的信息来解释当前的情境线索，对他人行为的动机或意图的解释过程，可能会导致个人对数据库进行更改或修正（Crick et al., 1994）。第三步是在特定的情境中确立目标，个体可以在特定的情境中设定目标，也可以根据即时的情境刺激修改或构建新的目标。目标可以分为个人目标和人际目标两类，个人目标趋向于以自我为中心或具有反社会特征，人际目标关注人际收获，趋向于考虑他人的利益，具有利他性特质。个体主动出击（与反应性出击相反）表现为对个人目标的偏好，并被视为实现有价值的目标或项目的重要途径（Arsenio et al., 2009；Arsenio et al., 2004）。第四步是建构或评估响应，指人们从记忆中获得合理的反应，或者根据当前的社会状况构建新的认知。第五步是决策制定，受到过去经验对结果的预期、个体的自我效能感和决策评估等因素的影响。第六步是行为启动，通常个人发起的行为可能最适合在特定的情境下实现目标（Lösel et al., 2007）。

2.5.2 理论模型构建

本书紧扣"在湖北省先进制造业企业中，工作创新要求是否影响创造力以及工作创新要求如何能够内化为创造力？"这两个研究问题，围绕"工作创新要求与创造力"这一研究主线，以揭示工作创新要求影响创造力的内在机制和边界条件。依据上一节文献综述述评中工作创新要求与创造力关系的研究不足和未来的研究方向，本书基于创造力产生的过程视角，整合期望效应、I-P-O模型、压力认知交互作用理论和社会信息加工理论，从个体层次和团队层次两个维度研究工作创新要求对创造力的影响机制，理论模型如图2.6所示。

1. 基于创造进程参与从个体层次考察工作创新要求对员工创造力的影响。

首先，基于期望效应，探究创造进程参与在工作创新要求与员工创造力之间的中介效应；其次，基于压力认知交互作用理论，分析挑战性压力评估和阻断性压力评估在工作创新要求与创造进程参与之间的调节作用；最后，在此基础上构建工作创新要求影响员工创造力的被调节的中介模型，拓展工作创新要求与员工创造力的相关研究。本书的第四章将基于创造进程参与从个体层次视角实证分析工作创新要求对员工创造力的影响机制。

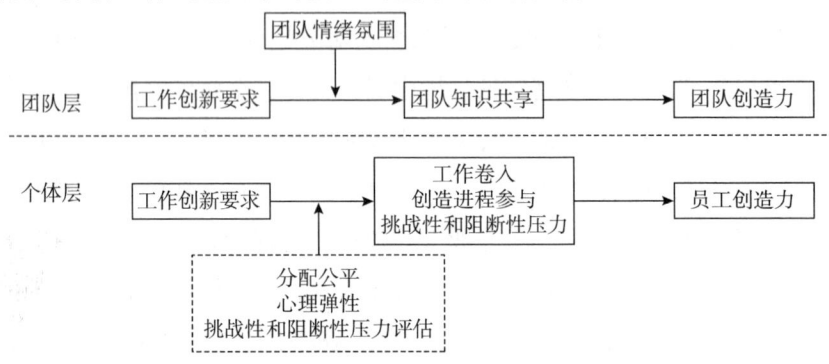

图2.6 理论模型

2. 基于工作压力从个体层次考察工作创新要求对员工创造力的影响。

首先，基于压力认知交互作用理论和内在激励理论，探究挑战性压力和阻断性压力在工作创新要求与员工创造力之间的中介效应；其次，基于创新性适应能力，分析心理弹性在挑战性压力、阻断性压力与员工创造力之间的调节作用；最后，在此基础上构建工作创新要求影响员工创造力的被调节的中介模型，拓展工作创新要求与员工创造力的相关研究。本书的第五章将基于工作压力从个体层次视角实证分析工作创新要求对员工创造力的影响机制。

3. 基于工作卷入从个体层次视角考察工作创新要求对员工创造力的影响。

首先，基于目标设置理论，探究工作卷入在工作创新要求与员工创造力之间的中介效应；其次，基于工作卷入动机理论模型和社会信息加工理论，分析分配公平在工作创新要求与工作卷入之间的调节作用；最后，在此基础上构建工作创新要求影响员工创造力的被调节的中介模型，拓展工作创新要求与员工创造力的相关研究。本书的第六章将基于工作卷入从个体层次视角实证分析工作创新要求对员工创造力的影响机制。

4. 基于团队知识共享从团队层次视角考察工作创新要求对团队创造力的影响。

首先，基于I-P-O模型，从团队过程视角考察团队知识共享在工作创新要求与团队创造力之间的中介效应；其次，基于社会信息加工理论，分析团队情绪氛围在工作创新要求与团队知识共享之间的调节作用；最后，在此基础上构建团队工作创新要求影响团队创造力的被调节的中介模型，拓展工作创新要求与团队创造力的相关研究。本书的第七章将从团队层次视角实证分析工作创新要求对团队创造力的影响机制。

2.6 本章小结

本章对创造力、工作创新要求、压力评估以及三者之间相互关系的以往研究进行了回顾、梳理和评述，为本书的理论模型构建、研究假设和实证分析奠定了坚实的理论基础。首先，对以往有关创造力的概念、理论基础和主要影响因素进行了回顾，对创造力的内涵和影响因素有了全面而深入的理解。其次，回顾与总结了工作创新要求的概念、测量及其与创造力的关系，为在中国文化背景下探索工作创新要求如何内化为创造力提供了理论指导，并提出从过程视角解释工作创新要求与创造力的关系，有助于揭示工作创新要求内化为创造力的内在机理。再次，回顾了压力评估的二元特性与工作创新要求及创造力的关系，指出挑战性压力评估和阻断性压力评估对创造力的差异化影响作用，为实证研究探索压力评估对创造力的调节作用奠定了基础。最后，在总结工作创新要求与创造力关系未来研究方向的基础上，构建本书的理论模型，奠定第四章、第五章、第六章和第七章实证分析的理论基础。

第3章 湖北省先进制造业创新现状考察

3.1 先进制造业概述

目前学术界对先进制造业并没有一个权威科学的界定。一般认为，先进制造业是在传统制造业基础上，吸收信息、机械、生物、材料、能源及现代管理等最新技术成果，并将这些先进技术综合应用于产品研发设计、生产制造、营销管理、售后服务的全过程，实现优质、高效、低耗、清洁、灵活生产并取得良好经济社会和市场效益的现代制造业的总称（罗文，2014）。先进制造业既包括新兴制造业（如战略性新兴产业），也包括传统制造业的先进部分。

中国是制造大国，但还不是制造强国。先进制造业是制造业的发展方向，要实现由制造大国向制造强国的转变，加快发展先进制造业势在必行。随着我国制造业的劳动力红利时代即将结束，很多发展中国家已接纳了不少转移的产业，对我国制造业形成了挑战。为使我国制造业不致落入"前有围堵，后有追兵"的局面，加快发展先进制造业刻不容缓。先进制造业的发展将使我国有可能在第三次工业革命中发挥重要作用，将引领我国制造业走出一条发展新路，将极大支撑起我国国民经济发展和国防建设。

先进制造业发展具体表现在以下几个方面。

（1）微电子、计算机、信息、生物、新材料、航空航天、环保等高新技术产业广泛应用先进制造工艺，包括先进常规工艺与装备、精密与超精密加工技术、纳米加工技术、特种加工技术、成形工艺和材料改性等先进制造技术和工艺。

（2）机械装备工业、汽车工业、造船工业、化工、轻纺等传统产业广泛采用先进制造技术，特别是用信息技术进行改造，给传统制造业带来了重大变革，生产技术不断更新，设计方法、加工工艺、加工装备、测量监控、质量保证和企业经营管理等生产全过程都渗透着高新技术，CAD、NC和柔性制造技术在制造业中已得到了广泛的应用，使其发生质的飞跃，产生了一批新的制造技术和制造生产模式。

（3）在高新技术的带动与冲击下，装备工业走向机电一体化、人机一体化、一机多能、检测集成一体化，出现了机器人化机床、虚拟轴车床、高速模块化机床等新型加工机床，数控机床走向智能化、智能化加工单元。

（4）制造技术不断向高加工化和高技术化方向发展，给制造业带来深刻的变革，未来的制造业将进入融柔性化、智能化、敏捷化、精益化、全球化和人性化于一体的崭新时代。

制造业一直是湖北工业的脊梁和主力。湖北制造业门类齐全，是全国8个拥有全部41个工业大类的省份之一，其中汽车、化肥、光纤、光通信设备等产能居全国前列。湖北目标要打造全国重要的先进制造业基地、全国战略性新兴产业集聚区，建设全国制造业高质量发展先行区。"十四五"开局之际，湖北抓紧贯彻落实《关于新时代推动中部地区高质量发展的指导意见》。先进制造业是中部崛起的"脊梁"，先进制造业成为推动湖北高质量发展的重要抓手。根据"十四五"规划目标，湖北省将加快先进制造业发展步伐，努力在"十四五"末初步建成全国重要先进制造业基地。《中国制造2025湖北行动纲要》提出湖北省将遴选有基础、有优势、有潜力、有前景的十大先进制造业领域重点发展。

（1）新一代信息技术：突出光通信、集成电路、新型显示、智能终端、软件与信息服务等重点领域。

（2）智能装备：突出激光、高档数控机床、工业机器人、增材制造（3D打印）等重点领域，加快推进智能装备的技术研发和产业化。

（3）新能源汽车及专用车：突出新能源汽车整车、新能源汽车关键零部件、新能源汽车配套设施、专用车辆和智能网联汽车等重点领域。

（4）生物医药和高端医疗器械：突出生物制药、化学制药、中成药、高端医疗器械等重点领域。

（5）新材料：突出高性能金属材料、高端化工新材料、电子信息功能材料、新型无机非金属材料、前沿新材料等重点领域。

（6）海洋工程装备及高技术船舶：突出高技术船舶、海洋工程装备、高端船用配套设备、船舶智能制造平台及装备等重点领域。

（7）航空航天装备：突出飞机设计与制造、航空零部件、航电与机电系统、运载火箭、卫星制造、应用及服务、航天发射地面装备及制造等重点领域。

（8）北斗：突出北斗芯片、高端接收机及终端产品、北斗CORS基站等重点领域。

（9）轨道交通装备：突出车辆制造、车载设备与列控系统、车用关键部件等重点领域。

（10）节能环保装备和资源循环利用：突出节能装备及产品、环保治理装备及产品、资源循环利用等重点领域。

在新一代信息技术（光芯屏端网）产业方面，在保障龙头企业产业链供应链畅通和运营稳定的同时，将招引上下游企业做好配套，推动新兴产业与传统领域融合应用，拓展应用场景，打造光通信、集成电路、新型显示、智能终端、新一代网络与通信等核心产业集群。在高端装备方面，将按照"关键突破、集成创新、集群发展"的思路，巩固提升现有产业基础优势，聚焦重点领域，突破核心部件、关键技术、重大装备产业化瓶颈，扩大智能制造模式普及推广，加大重大技术装备应用示范。高档数控装备及系统、激光加工成型装备方面，将依托国家数控系统工程技术研究中心、武重、华中数控等，加快筹建数控工控创新中心，巩固重型数控机床、齿轮加工机床、中高端数控系统等优势。依托激光技术国家重点实验室、激光加工国家工程研究中心等，大力发展激光器、激光加工设备、激光成套设备、激光应用系统等，形成较为完善的激光产业链。先进材料方面，将围绕新一代信息技术、高端装备制造、生物医药、新能源、节能环保等重点领域的迫切需求，重点发展新能源材料、高端金属材料、新型电子信息材料、新型生物医用材料、新型生态环境材料等新型功能材料，增强先进材料对湖北产业体系的支撑作用。在汽车制造方面，将围绕电动化、智能化、网联化、轻量化、共享化发展趋势，强化关键汽车零部件配套和创新能力，加快布局智能网联汽车、新能源汽车，打造万亿汉江汽车产业走廊，建成全国重要的专用汽车基地及示范区、新能源和智能汽车研发生产示范区。在现代化工及能源方面，将以"去产能、补短板"为核心，以"调结构、促升级"为主线，瞄准"双碳目标"，加快实施创新驱动、绿色发展及循环经济战略。

湖北省正配套实施四项工程，提速先进制造业，推动先进制造业加快发展。（1）产业基础再造工程。聚焦制造业核心基础零部件或元器件、关键基础材料、先进基础工艺、产业技术基础以及工业基础软件（"五基"）存在的突出短板和弱项，采取"揭榜挂帅"等方式，对共性技术和关键产品组织攻关突破，支持企业加大研发投入，集中各方优势资源共建公共服务平台，协同提升行业"五基"保障能力。（2）产业链提升工程。做实制造业重点产业链"链长制"，按照每条产业链一位省领导领衔、一个省直部门牵头、一个工作专班、一个专家团队、一套支持政策"五个一"的模式，精细落实产业链技术结构图、应用领域图、产业布局图、发展路线图、招商目标图"五张图"，促进全产业链素质整体跃升。（3）技改提能工程。扎实推进"技改提能、制造焕新"三年行动，推进1000个省级重大技改示范项目，带动实施技改项目超1万个、技改投资超1.5万亿元，力争技改投资占工业投资比重达到45%以上，加快建设"智能车间""智慧工厂"，推动产业迈向高端化、智能化、绿色化。（4）数字经济跃升工程。加快推进数字产业化和产业数字化，加快建设以5G基站、工业互联网、人工智能、云计算、区块链为代表的新型信息基础设施，加快推广"上云、赋智、用链"等新技术应用，力争到2023年数字经济总规模突破2.6万亿元，保持中部省份第一，跻身全国第一方阵。

3.2 湖北省支持先进制造业创新发展的举措

"十四五"期间，湖北省将以制造业高质量发展为统领，统筹考虑湖北产业发展基础和潜能，培育打造具有湖北特色的"4+6+8"现代制造业体系。"4"是指做强4个营业收入达万亿级支柱产业，分别是新一代信息技术（"光芯屏端网"）、汽车、食品、现代化工产业；"6"是指做优6个营业收入达5千亿级优势产业，分别是机械装备、建材、冶金、纺织、软件和信息服务业、新材料产业；"8"是指做大8个具有发展潜力的新兴产业，分别是生物医药、高技术船舶与海洋工程装备、航空航天、量子通信、北斗导航、新能源、人工智能和大数据8个产业。努力使湖北营业收入过千亿产业由15个增至20个。

建设制造强省，湖北将着力构建战略性新兴产业引领、先进制造业主导、现代服务业驱动的现代产业体系。为推进制造强省战略落地落实，湖北省将重点推行"两计划三行动四工程"。"两计划"即战略性新兴产业倍增计划和先进制造业集群培育计划，加快发展高端装备制造、生物医药、航空航天及北斗等新兴产业，打造"光芯屏端网"、汽车、大健康、现代化工等具有国际竞争力的优势集群。"三行动"包括"技改提能、制造焕新"行动、制造业创新能力提升行动和领军企业培育行动。"四工程"即产业基础再造工程、产业链提升工程、数字经济跃升工程和中小企业成长工程，打通产业链的断点、堵点和难点，加快5G、数据中心等新一代信息基础设施建设，大力发展云计算、大数据、人工智能、区块链等新一代信息技术，促进数字经济和制造业深度融合，努力打造全国数字经济新高地。

3.2.1 确立创新是先进制造业发展的引擎

《中国制造2025湖北行动纲要》指出创新是制造业发展的重要引擎，是供给侧结构性改革的重要内容，是湖北建设制造强省的最大优势和潜力。湖北需要跟进新一轮科技革命和产业变革，实现制造业的转型升级和创新发展。但目前湖北省制造业创新发展还面临很多难题，中高端科技成果转化率不高、缺乏具有核心竞争力的企业和产品等。针对存在问题，《纲要》提出大力实施创新驱动发展战略，加快建设区域制造业创新体系，加大核心关键共性技术研发，推动科技成果转化和产业化，积极推进由企业牵头、产业目标明确、产学研结合的协同创新联盟建设。通过开放引进、整合并激活全省创新资源，将湖北打造成为区域领先、全国一流的制造业创新中心。

2021年湖北高质量发展资本大会以"创新驱动发展，制造崛起未来"为主题，内容设置以提升湖北在汽车、智能制造装备、集成电路、光通信、现代化工等16条制造业的战略性和全局性产业链为重点思路，助力湖北打造"51020"产业集群，构建以先进制造业为主导的现代产业体系。湖北省将滚动推进"光芯屏端网"、汽车、智能装备等产业链重大项目建设，力争在集成电路、新型显示、商业航天、生物医药等重点领域取得突破进展，围绕数字产业化和产业数字化，加快布局5G基站、人工智能、云计算为代表的新型信息基础，推进信息化和工业化深度融合。

《湖北省制造业高质量发展"十四五"规划》明确提出以"创新驱动，重点突破"为基本原则。在高端装备领域按照"关键突破、集成创新、集群发展"的思路，巩固提升现有产业基础优势，聚焦重点领域，突破核心部件、关键技术、重大装备产业化瓶颈，扩大智能制造模式普及推广，加大重大技术装备应用示范。在先进材料领域重点发展先进化工材料、电子信息材料、新能源材料、高端金属材料、节能环保材料、高性能复合材料、生物医用材料等新型功能材料，突破一批关键新材料供应瓶颈。在现代纺织领域增强化纤行业创新开发能力，补齐纺织印染环节生产能力短板，提升服装的工业设计水平，推动服装和家纺产品提档升级。

3.2.2 打造世界级先进制造业产业集群

打造先进制造产业集群，是推动强链补链，构建自主、可控产业链体系的重大举措。《湖北省人民政府2020年政府工作报告》就指出推进制造业高质量发展，大力推动传统产业改造升级和新兴产业培育壮大，启动新一轮重大技术改造升级工程，促进汽车、食品等重点产业向数字化、网络化、智能化、绿色化发展。实施智能制造工程和制造业数字化转型行动，加强对制造业龙头企业支持，打造先进制造业集群。在"一芯两带三区"战略指引下，加快培育壮大以"芯屏端网"为重点的世界级产业集群。发挥"一芯"产业驱动力，以芯屏端网、光通信、新能源及网联汽车等领域为突破口，瞄准集成电路、新型显示、光通信、新能源和智能网联汽车等细分领域，推进武汉制造业高质量发展国家级示范区建设，同时要提升"三区"产业协同力，在鄂西、江汉平原、鄂东布局培育一批新型工业化示范基地。

湖北当前正多措并举发展先进制造业，加快培育万亿级支柱产业、五千亿级优势产业和千亿级特色产业集群，把现代产业体系"规划图"变为"实景图"。湖北不仅推出战略性新兴产业倍增计划，计划到2025年产值达到5万亿元，同时出台"技改13条"，对符合智能化升级、集群化发展、服务化延伸、绿色化转型、安全化管控等支持方向且总投资2000万元及以上的项目，按项目设备购置额的8%给予补助。

《湖北省制造业高质量发展"十四五"规划》以制造业的高质量发展为统领，统筹考虑湖北产业发展基础和前景，确定了湖北制造业高质量发展的主攻方向，即着力打造5个万亿级支柱产业、巩固提升10个五千亿级优势产业、培育壮大20个千亿级特色产业集群、前瞻布局一批未来产业，加快构建"51020"现代产业集群。目标到2025年，湖北省"光芯屏端网"、汽车、现代化工及能源、大健康、现代农产品加工产业营收均超过1万亿元，还要打造"光芯屏端网"核心产业集群，建成全国重要的专用汽车基地及示范区、新能源和智能汽车研发生产示范区。

3.2.3 推进新型工业化产业示范基地建设

截至2019年，湖北省累计建成16家国家级新型工业化示范基地，涉及汽车及新能源汽车、电子信息、软件、高端装备、船舶与海洋工程、有色、化工、新材料、资源循环利用、军民融合等产业和领域，以战略性新兴产业为主导的示范基地占80%，示范基地总量位居中部第二。示范基地已建成国家级制造业创新中心2家、国家级产业创新中心1家、国家级企业技术中心35家，工程研究中心6家，国家重点实验室15个，国家技术转移示范机构20家。成立了16个省级新型产业技术研究院，省级企业技术中心300多家，共性技术研发推广中心50家，企业R&D经费支出强度由2015年的0.9%提高到2018年的3.5%，万人有效发明专利授权数达到5.39件。实现了64层三维闪存芯片、100G硅光收发芯片、万瓦级光纤激光、氢油物流车等一批前沿技术突破,新型工业化基地各种创新要素活跃。

《湖北省制造业高质量发展"十四五"规划》明确提出打造"一地三区"的定位,即全国重要的先进制造业基地、长江经济带绿色制造先行区、全国传统产业转型升级样板区、世界一流战略性新兴产业集聚区。进一步提升湖北在汽车制造、光通信、高端装备、北斗及应用等重点领域和关键环节的全球影响力,提高在全球价值链分工中的地位;紧扣"碳达峰、碳中和"目标,坚持"共抓大保护,不搞大开发",构建以绿色工厂、绿色园区和绿色供应链等为重点的绿色制造体系;实施战略性新兴产业倍增计划,聚焦"光芯屏端网"、新能源与智能网联汽车、生物医药和医疗器械、新材料等,实现规模倍增和能级提升,加快形成接续有力、相互支撑、融合互动的产业梯队。"十四五"期间,湖北将加快先进制造业发展步伐,构建万亿级、五千亿级、千亿级三大梯队,保持制造业占比基本稳定,先进制造业储备项目计划投资总规模将超过10万亿元。到2025年,力争迈进全国制造强省第一梯队行列,制造业总量迈上新台阶,产业协同创新体系初步建立,发展质量效益稳步提升,产业基础不断夯实,产业链现代化水平持续提升,制造业在全省经济社会发展中的支撑地位进一步巩固,初步建成全国重要的先进制造业基地。

3.2.4　全面增强科技创新能力

着力塑造更多依靠创新驱动、更多发挥先发优势的先进制造业企业引领型发展。湖北省财政筹集100亿元,重点支持科技重大平台、重大项目、重大园区建设。自2019年起五年共筹集100亿元财政性资金,支持"双一流"和科研院所建设。发挥企业创新主体作用,支持更多领军企业建设研发中心,大力推进国家高新区建设,支持重点产业创新联合体建设。坚持科技创新和制度创新"双轮驱动",聚焦解决"卡脖子"问题,突出关键共性技术、前沿引领技术、现代工程技术、颠覆性技术创新,推动制造业发展质量变革、效率变革、动力变革。

湖北省科技厅发布的数据显示,从2017年到2021年,湖北科技创新多项指标实现大幅提升，全社会研发投入首次突破千亿元，增长43.5%；高新技术产业增加值首次突破万亿元，增长71.7%；高新技术企业数量由5 369家增至14 560家，增长171.2%；技术合同成交额由1 066亿元增至2 111.63亿元，增长98.1%。湖北区域科技创新能力由全国第10位提高到第8位，排名中部第1位，进入全国科技创新水平的第一方阵。全省规模以上工业企业研发机构覆盖率，已从2019年的不足13%提升到了2020年的17.2 %。力争到2025年全省规上工业企业研发机构覆盖率达到50%，规上高新技术企业研发机构实现全覆盖。

《湖北省科技创新"十四五"规划》明确指出高质量发展对科技创新的迫切需求前所未有。"十四五"时期是湖北以高质量发展为主题，推动产业转型升级，构建战略性新兴产业为引领、先进制造业为主导、现代服务业驱动的现代产业体系，着力打造全国重要增长极的关键时期。湖北省委十一届八次、九次全会坚持把科技创新摆在事关发展全局的核心位置，全面部署建设科技强省。"十四五"时期湖北省将科技自立自强当使命、视创新创造如生命、抓创新发展像拼命，以科技创新第一动力增强发展新动能，让科技创新真正成为湖北省"建成支点、走在前列、谱写新篇"的核心竞争力和重要支撑力。

3.2.5　发挥湖北厚重的科教、人文优势

人才是推进制造业由大变强的骨干力量和根本保障。湖北省是人口大省、人才大省，但人口出生数在2000年之后，每年从100万锐减至50万～60万人。企业用工成本也是年年增加，年均增长10%以上；高校在籍人口流向外省的占21%，高出全国10个百分点。针对人才不足问题，《中国制造2025湖北行动纲要》提出坚持把人才作为制造强省建设的根本，加大制造业管理人才培养和引进，培育高端专业技术人才和技能人才，建立制造业终身职业教育体系，重点在创新完善人才激励机制的基础上，一手抓企业家队伍培育，一手抓"工匠"人才培养，加快建立完善企业家、管理人才、高级技术人才、技能人才等制造业人才培养体系，积极推进制造业各类人才的职业化、市场化、专业化、国际化和本土化，努力把湖北厚重的科教、人文优势加快转化为巨大的经济优势、发展优势、领先优势。

《湖北省制造业高质量发展"十四五"规划》明确提出要依托湖北的科教资源优势，强化科技创新策源功能，保持科技创新能力领先，打造具有全国影响力的科技创新中心。围绕重点发展的主导产业，积极加强原始创新，推进产业创新，发展工业设计、工程设计、检验检测等，畅通科技成果转移转化通道，提升创新创业服务水平和自主创新能力，实现产业高质量发展和内涵式增长。湖北省国家重点实验室总数已达到30个，排名全国第四位。获批建设国家智能设计与数控技术创新中心和国家数字建造技术创新中心，占全国总数的1/8。在鄂"两院"院士达81人，引进海外高层次人才、杰出青年人才、入选国家创新人才推进计划人才等均居全国前列、中部第一。已组建10家湖北实验室，产出三维直连量子点红外探测、线粒体酶复合体组装分子机制等一批原创成果。

《湖北省科技创新"十四五"规划》提出要强化人力资源服务，积极吸引中高端人才。持续开展"资智回荆楚"湖北人才返乡行动和招商引资活动，重点挖掘湖北校友、楚商企业家资源。鼓励企业引进人才，对从省外引进中华技能大奖获得者、全国技术能手、省级技能大师的企业，以及建立大师工作室的企业，给予一次性奖励。做好专家服务，办好创新创业交流活动，协助落实来鄂专家居留、签证、子女入学、社保、住房等事项。进一步打造技能人才支撑体系，扶持一批创新创业人才，建设创新人才培养示范基地。

3.3 湖北省先进制造业企业的创新要求现状

美国挑起的贸易战重点针对中国的先进制造业，凸显出先进制造业在国家竞争力中的重要地位。习近平总书记曾在考察时重点指出，"发展高端制造把我国制造业和实体经济搞上去"。在全球产业竞争格局加速演变下，中国先进制造企业向价值链高端攀升主要面临两方面约束：一方面西方国家抢占全球科技制高点，技术封锁和禁运带来了"卡脖子"难题；另一方面主要是后向参与全球价值链，利润被大量挤占，获利能力弱。在"双向约束"困境下中国已无法依靠比较优势在先进制造业领域获得长足进展的机遇，大而不强的局面亟待改观。

科技创新是湖北省先进制造业培育发展的第一动力，先进制造业企业需要发挥创新主体作用，坚持以创新为引领，坚持科技创新和制度创新"双轮驱动"，创新实现需要管理者的创新推动和员工创新实践相结合。

3.3.1 管理者对员工的创新要求

随着国际国内形势的不断变化，先进制造业的经营环境不断发生新的变化。先进制造业企业要求员工在做好本职工作的基础上，不断深入调查研究，勤于学习，善于总结，不断用创新的思维把问题想全面、想透彻，从而不断提高自己的判断和创新能力。如图3.1所示，本书所调研的31位先进制造业企业的研发和生产部门的中层管理者中，有29位反馈对员工有创新要求，仅有2位反馈对员工没有提出创新要求，所调研的先进制造业企业的中层管理者认为对员工有创新要求的比例高达93.5%。

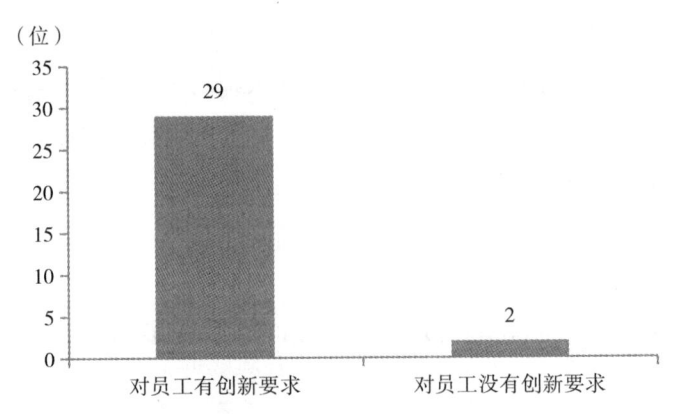

图3.1 先进制造业企业管理者对员工的创新要求

3.3.2 员工感知的创新要求

组织对员工的创新要求代表了组织对员工的创新期待，员工感知到企业的创新要求对其创新性开展工作具有指导作用。如图3.2所示，本书所调研的95位先进制造业企业的研发和生产部门的一线员工中，有81位反馈感知到企业对员工有创新要求，有14位反馈没有感知到企业的创新要求，所调研的先进制

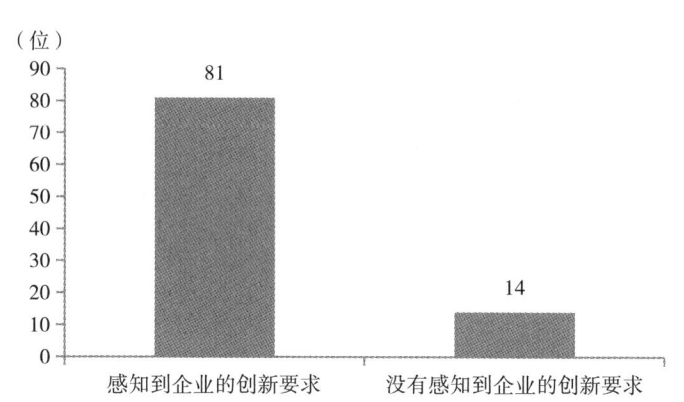

造业企业的员工认为感知到企业对员工有创新要求的比例为85.3%。

图3.2 先进制造业企业员工感知到企业的创新要求

31位先进制造业企业的研发和生产部门的中层管理者和95位一线员工的创新要求调研说明湖北省先进制造企业普遍对员工有创新要求，员工多数感知到企业对其有创新要求，进一步说明在湖北省先进制造业企业开展创新要求对员工创造力影响研究的实证分析是合适的。

第4章　创新要求对员工创造力的影响机制研究：个体层次创造进程参与视角

4.1　问题提出

在创新驱动发展的时代，强者恒强不再是游戏规则，无论传统产业还是新兴行业，只有持续创新才能使企业永葆"青春"，创新是企业的生命线。在创新驱动发展战略深入实施的时代背景下，组织赋予了员工更多的责任和使命，对工作提出了更高的标准和要求。因此，如何由外在的创新要求激发员工创造力，发挥创新对发展的支撑作用，已成为湖北省先进制造业企业不断提高质量、效益和竞争力的关键要素，也成为研究者们关注的重点话题。

员工创造力是指员工在工作过程中提出的新奇而有用的想法（Amabile et al.，1996）。已有研究表明创造力作为组织赢得竞争优势的关键因素（Mumford et al.，1988；Oldham et al.，1996；Perry-Smith et al.，2017），其产生不仅取决于组织氛围（Eldor et al.，2016）、员工个体特质（Jiang et al.，2015；马君 等，2015）、还取决于工作任务对创新的内在要求（Unsworth et al.，2005）。目前学术界对工作创新要求与创造力关系的研究，主要聚焦于个体层次工作创新要求对员工创造力影响的主效应及边界条件上（Shin et al.，2017；Anderson et al.，2014），对二者之间的作用机制关注较少，学者们提出未来创造力研究的重点应聚焦在如何更好地理解最终产生创造性结果的过程上（Tan et al.，2016；Gilson et al.，2004）。基于这一思路，本章将研究工作创新要求激发员工创造力的内在过程。

本章的研究目的在于探讨工作创新要求是否会影响、如何影响以及在何种情况下影响员工创造力。具体而言，本章有三点主要贡献：首先，在中国高背景文化（high-context culture）的本土情境下，员工更可能依据情境线索和社会规范来决定自身在特定情境下的行为，工作创新要求无疑是影响员工行为的重要情境线索之一。本章立足于湖北省先进制造业企业的管理实践，进一步拓展工作创新要求与员工创造力的关系研究。其次，已有文献主要集中于研究工作创新要求与员工创造力二者关系的边界条件上，如员工对创新的内在兴趣、员工对创新的价值感知等（Shin et al., 2017），而对二者作用机制的研究则十分欠缺。本章基于期望效应，提出以创造进程参与为中介变量来理解工作创新要求与员工创造力之间的内在机理，在创造进程参与过程中，员工通过构思出众多想法和备选方案，有助于创造力的产生（Henker et al., 2015）。第三，为进一步验证影响工作创新要求与创造进程参与关系的边界条件，基于压力认知交互作用理论（Lazarus et al., 1984），本章提出并检验了挑战性压力评估和阻断性压力评估的调节作用，预期挑战性压力评估和阻断性压力评估将发挥相反的调节效应，挑战性压力评估将强化工作创新要求的效应，而阻断性压力评估将会弱化工作创新要求的效应。

基于以上分析，本章构建了一个被调节的中介模型，系统分析了工作创新要求影响员工创造力的内在机制和边界条件，旨在为企业通过工作创新要求激发员工的创造力提供指导和借鉴。

4.2 理论与假设

4.2.1 工作创新要求、创造进程参与与员工创造力

工作创新要求是指员工感知到的组织期望或需要其产生与工作相关的想法（Unsworth et al., 2005），向员工传递创造力是组织所期望的工作行为。从效率的角度来看，工作创新要求指明了创新行为与成功绩效之间的相关性。那些认为创新是其工作要求的员工，与其他员工相比更有可能相信、产生、采纳和实施创新的想法将对其工作有益（Yuan et al., 2010）。从社会政治的角度来看，工作创新要求代表了外部需求和对创新的期望，使得员工的创新行为

合法化。因此，当员工感知创新是其工作要求时，会觉得自己更适合从事具有创新性的工作。Shalley（1995）研究表明，任何形式的创新性目标都能够提高学生后续的创造力水平，为工作创新要求对创造力的促进作用提供了证据。

创造进程参与的概念从问题解决的文献中衍生而来，创造性过程包含了人们通过探寻自己的思想和周围环境来提出不同的备选方案并产生潜在的问题解决途径（Perry-Smith，2006）。Zhang等（2010）将创造进程参与定义为员工参与或卷入与创新相关的认知过程，包含问题识别、信息搜寻和编码、创意形成三个阶段。

工作创新要求使员工感知到组织期望其能够不断尝试运用新方法来解决问题，通过创新来满足工作需求。工作创新要求所具有的复杂性和挑战性外部目标特性，传递了组织对员工的创新期待以及对创新的支持和重视，有助于员工感知任务意义。目标设置理论（Locke，1976）也认为，目标自身具有激励作用，能驱动员工将需要转变为动机并引导行为努力方向（Neubert，2016）。工作创新要求体现了组织对员工的角色期待，根据期望效应，员工会基于他人或组织的期望来调适自己的行为（Eden et al.，2000）。因此，当员工在面对工作创新要求时，在目标指引下会基于组织期望，从多角度认识和理解问题，运用来自多渠道的各种信息寻找解决方案，通过整合不同领域的信息形成多个备选方案（Shalley et al.，2004），由此假设工作创新要求会促进员工的创造进程参与。

创造进程参与开始于问题识别，在这一阶段员工通过对问题进行结构化分析，找出所需解决问题的目标、过程和限制条件等信息（Henker et al.，2015）。问题识别阶段所花费的时间与解决方案的质量和原创性正相关，在问题识别阶段投入的精力越多越有助于准确地陈述问题并产生更多原创性的想法（Reiter-Palmon et al.，1997）。信息搜寻和编码阶段通过搜寻已识别问题的相关信息和概念，有助于进一步理解问题的本质。信息搜寻和编码过程既涉及对已有概念的分析，也包括在知识积累的基础上发展新的概念，有助于员工在丰富个人知识的基础上提升个体的综合能力（Du et al.，2016）。员工在创意形成阶段，对信息的整合和重组有助于其从全新的视角理解问题，通过对理论意义和实践应用的深入探索，最终会产生一系列新的想法，从而为最终解决方案提供大量新的想法或备选方案。由上述分析可知，创造进程参与对创造力有积极的促进作用。根据上述分析，本章假设：

假设1：创造进程参与在工作创新要求与员工创造力之间起中介作用。

4.2.2 压力评估的调节作用

员工在应对工作创新要求的过程中需要投入比常规工作更多的精力和资源，对工作创新要求会产生压力感。根据压力认知交互作用理论（Lazarus et al.，1984），个体在面对工作创新要求时，考量自身所拥有的资源和外部环境条件后，会产生两种不同类型的压力评估。当个体将工作创新要求视为工作职责或责任时，会将此类压力评估为具有挑战性，挑战性压力评估意味着个体认为工作要求对其成长、发展、利益和幸福感具有潜在作用，更有可能使其意识到对时间和精力的投入会在高要求环境中得到回报；而将工作创新要求视为工作不安全感或职业发展受阻时，则会将此类压力评估为具有阻断性，阻断性压力评估意味着个体认为工作要求有可能导致其利益受损、职业发展受阻或身心受到伤害等，很难确定时间和精力的投入能否得到回报（Lepine et al.，2015）。Cavanaugh等（2000）指出，个体压力反应的差别取决于其对压力的评价和应对，个体对工作创新要求压力评估后差异化的心理状态将对其心理和行为产生不同的作用，进而对创造进程参与产生影响。

员工在对工作创新要求的压力评估中，当挑战性评估占主导地位时，其任务意识感随之增强，虽然员工对于工作创新要求具有一定的压力感，但同时也有被挑战和被重视的感觉。根据内在激励理论，内在激励是指个体通过给自己设定目标激发其自身的成就感和事业感，从而激励自己通过努力工作来实现，强调工作本身带给人的激励，具有较强的外在性（Deci，2004；Elliot，1996）。内在激励是由外部强化转化为内在的自我决定，个体由专注于任务本身"要我做什么"转化到内在兴趣"我要做什么"（马君 等，2015；胡蓓 等，2016）。工作创新要求的挑战性会通过激发员工的内在积极性，促进个体为成就感和满足感而努力工作，员工对工作创新要求的挑战性评估水平越高，越能够调动其工作积极性，使其全身心投入到创造进程中，促进其创造进程参与水平。

员工在对工作创新要求的压力评估中，当阻断性评估占主导地位时，由于阻断性压力具有消极作用，员工会产生回避、甚至放弃的念头，工作努力程度会随之降低。员工往往以完成最低工作要求为目标，不愿意为承担更多的责任而努力工作。同时，当员工主要关注压力的负面作用时，意识和行动上会尽最大可能规避负面作用所可能带来的影响，从而降低其从事创造性活动的内在动机。员工对工作创新要求的阻断性评估水平越高，越容易引发更多的负面情绪反应，降低其创造进程参与水平。根据上述分析，本章假设：

假设2a：挑战性压力评估正向调节工作创新要求与创造进程参与的关系，挑战性压力评估水平越高，工作创新要求对创造进程参与的正向影响越强；

假设2b：阻断性压力评估负向调节工作创新要求与创造进程参与的关系，阻断性压力评估水平越高，工作创新要求对创造进程参与的正向影响越弱。

根据Edwards等（2007）的理论分析，当自变量通过中介变量影响因变量之间的中介作用受到调节变量的影响时，就存在有被调节的中介作用。本章在假设1提出了创造进程参与在工作创新要求和员工创造力之间起中介作用，在假设2a和假设2b中提出因为压力评估不同，工作创新要求对创造进程参与的影响有差异。根据上述分析，本章认为员工不同类型的压力评估对工作创新要求通过创造进程参与影响员工创造力间接作用的强度影响有差异。具体而言，挑战性压力评估越高，工作创新要求通过创造进程参与对员工创造力的正向间接效应越强；而阻断性压力评估越高，工作创新要求通过创造进程参与对员工创造力的正向间接效应越弱。因此，本章提出以下假设：

假设3a：挑战性压力评估调节工作创新要求与员工创造力之间通过创造进程参与中介作用的间接关系，即挑战性压力评估程度越高，工作创新要求对创造进程参与的正向作用越强，从而增强工作创新要求对员工创造力的正向作用；

假设3b：阻断性压力评估调节工作创新要求与员工创造力之间通过创造进程参与中介作用的间接关系，即阻断性压力评估程度越高，工作创新要求对创造进程参与的正向作用越弱，从而削弱工作创新要求对员工创造力的正向作用。

综上分析，本章的理论模型如图4.1所示。

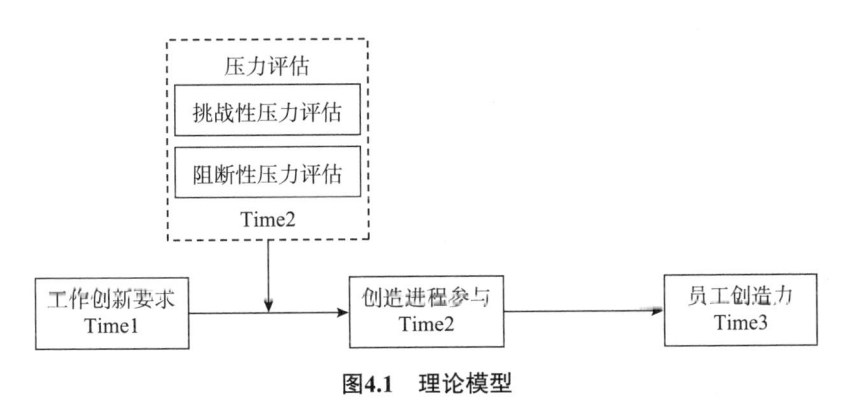

图4.1 理论模型

4.3 研究设计

4.3.1 研究对象

本章的数据通过问卷调查法获取，问卷采取现场发放、现场回收方式完成，调研时间为2019年4月至2019年12月。调查对象为来自武汉的4家先进制造业企业的管理和技术人员，企业涉及计算机和电子信息行业。为避免研究结果受共同方法偏差的影响，本章采取Jansen等（2012）建议的配对样本多源时滞数据收集方式，设计了员工版和领导版问卷，从员工和其直接领导两个来源收集数据。图4.1中从Time1、Time2到Time3三个测量时点依次为间隔半个月，其中Time1测量员工版问卷中的工作创新要求题项，Time2测量员工版问卷中的创造进程参与和压力评估题项，Time3测量领导版问卷中的员工创造力题项。共发放542套问卷，回收剔除无效样本后，最后共计67个团队412套有效匹配问卷，有效回收率为76.01%。

4.3.2 变量测量

除控制变量外，变量测量均采用李克特五级量表，不同等级由5（非常符合）到1（非常不符合）表示。

工作创新要求：采用Yuan等（2010）开发的5题项员工自评量表。示例题项如"我的工作职责包含了寻找新技术和新方法""将新观点和想法引入组织是我工作的一部分""我的工作要求我尝试运用新方法来解决问题"。该测量的克伦巴赫α值为0.85。

创造进程参与：采用Zhang等（2010）开发的3维度11题项员工自评量表。其中问题识别包含3个题项，示例题项如"我花了相当长的时间去了解问题的本质""我从多角度思考问题"；信息搜寻和编码包含3个题项，示例题项如"我从多个渠道搜集信息""我在自己的专业领域储备了大量详细的信息，以供将来使用"；创意形成包含5个题项，示例题项如"我会考虑不同来源的信息以产生新的想法""我会在确定最终方案之前，对同一问题形成多个备选方案"。该测量3个维度的克伦巴赫α值为0.77、0.77和0.81。

挑战性压力评估：采用Lepine等（2015）开发的3题项员工自评量表。示例题项如"为满足工作要求而工作，将有助于促进我的个人成长和幸福感""我觉得我的工作要求鼓励我去实现个人的目标和成就""总体而言，我觉得我的工作促进了我的个人成就"。该测量的克伦巴赫α值为0.83。

阻断性压力评估：采用Lepine等（2015）开发的3题项员工自评量表。示例题项如"为满足工作要求而工作，不利于我的个人成长和生活幸福""我觉得我的工作要求限制了我去实现个人的目标和成就""总体而言，我觉得我的工作阻碍了我的个人成就"。该测量的克伦巴赫α值为0.70。

员工创造力：采用Farmer等（2003）开发的4题项领导他评量表。示例题项如"该员工在工作中，会优先尝试采用新观点或新方法""该员工在工作中，会寻求运用新方法或通过新途径来解决问题""该员工在工作中，会产生与工作领域相关的开拓性想法""该员工在工作中，是一个非常优秀的创造力典范"。该测量的克伦巴赫α值为0.92。

控制变量：为避免本章中变量间的因果关系受到一些不相关变量的影响，本章控制了性别、年龄、学历和司龄等人口学变量对研究的影响。其中，性别以"1"和"2"分别代表男性和女性；年龄以实际年龄表示；学历分为高中及以下、大专、本科和研究生及以上四个等级；司龄以实际工作年限表示。

4.3.3 统计分析方法

本章的理论模型是一个第一阶段被调节的中介效应模型，其中工作创新要求为自变量（X），创造进程参与为中介变量（M），压力评估为调节变量（W），员工创造力为因变量（Y）。假设检验采用层级回归分析方法，运用Amos22.0、Spss22.0和Mplus7.0等统计分析工具，首先运用Amos22.0进行验证性因子分析，检验五个被测变量的区分效度，以及是否存在共同方法偏差的影响；其次运用Spss22.0进行描述性统计和相关系数检验；最后运用Mplus7.0检验被调节的中介效应模型的间接效应。

4.4 研究结果

4.4.1 验证性因子分析

运用验证性因子分析评估工作创新要求、创造进程参与、挑战性压力评估、阻断性压力评估和员工创造力五个主要变量的区分效度（表4.1），并将模型之间的拟合指数进行分析比较。验证性因子分析结果表明五因子模型的拟合指标均优于其他模型，且各项指标均达到了判断标准的要求。结果表明本章中变量测量的区分效度较高，五因子模型是最佳的适配模型。

表4.1　验证性因子分析结果（n=412）

模型	χ^2	df	χ^2/df	CFI	TLI	RMSEA
单因子模型	1 755.657	299	5.872	0.463	0.416	0.109
二因子模型	1 431.834	298	4.805	0.582	0.544	0.096
三因子模型	1 028.274	296	3.474	0.730	0.704	0.078
四因子模型	823.972	293	2.812	0.804	0.783	0.066
五因子模型	486.533	289	1.684	0.927	0.918	0.041

注：单因子模型：工作创新要求+创造进程参与+挑战性压力评估+阻断性压力评估+员工创造力；二因子模型：工作创新要求+创造进程参与+挑战性压力评估+阻断性压力评估+员工创造力；三因子模型：工作创新要求+创造进程参与+挑战性压力评估+阻断性压力评估+员工创造力；四因子模型：工作创新要求+创造进程参与+挑战性压力评估+阻断性压力评估+员工创造力；五因子模型：工作创新要求+创造进程参与+挑战性压力评估+阻断性压力评估+员工创造力。

4.4.2　共同方法偏差

为降低共同方法偏差的影响，本章采用配对样本多源时滞调查方法，问卷中采取隐匿研究目的和变量名称等控制措施，事后依据Podsakoff等（2003）的建议运用多质多法检验共同方法偏差。具体做法是在五因子模型基础上，新增员工版和领导版问卷中由自评式、他评式被测构念所构成的两个潜在因子，构建七因子模型。七因子模型的拟合指数为χ^2=458.980，df=286，CFI=0.936，TLI=0.928，RMESA=0.038。潜在因子控制前后的结果对比发现，七因子模型的χ^2有显著改变（$\Delta\chi^2$=27.553，Δdf=3，P<0.010），由于$\Delta\chi^2$容易受测量样本量的影响（温忠麟等，2004），因此对比时还需要考察其他拟合指数的变化量，控制前后ΔCFI=0.009，ΔTLI=0.010，ΔRMESA=0.003，变化幅度均在0.020以下，说明共同方法偏差对本章的研究不存在严重的影响（张军伟等，2014）。

4.4.3　描述性统计

变量的均值、标准差和变量间的相关系数如表4.2所示。结果显示主要研究变量与员工创造力之间有着显著的相关性，符合理论预期。信度系数均大于0.7，达到了可接受水平。

表4.2 描述性统计结果和相关系数矩阵

变量名称	均值	标准差	1	2	3	4	5	6	7	8	9
1.性别	1.427	0.495									
2.年龄	32.167	6.158	-0.164								
3.学历	2.905	0.797	-0.070	-0.113*							
4.司龄	6.167	4.629	-0.093	0.795**	-0.124*						
5.工作创新要求	3.286	0.545	-0.043	-0.167**	-0.057	-0.172**	(0.733)				
6.创造进程参与	3.421	0.446	0.079	-0.088	0.049	-0.096	0.191**	(0.751)			
7.挑战性压力评估	3.050	0.723	0.033	0.021	0.060	0.010	-0.229**	0.534**	(0.791)		
8.阻断性压力评估	2.672	0.984	-0.058	-0.001	-0.132**	0.017	0.229**	-0.459**	-0.328**	(0.830)	
9.员工创造力	3.215	0.521	0.093	-0.016	-0.014	-0.010	0.172**	0.180**	0.033	-0.059	(0.728)

注：$n=412$，对角线上括号内标注为内部一致性系数。$*p<0.05$，$**p<0.01$（双尾检验）。

4.4.4 假设检验

本章主要采用层级回归并以Spss22.0和Mplus7.0为分析工具来验证上述假设，回归分析前首先对自变量、中介变量和调节变量进行中心化处理（张军伟等，2014；方杰 等，2015），层级回归分析结果见表4.3。

假设1旨在研究工作创新要求与员工创造力之间的中介作用。本章首先按照Baron等（1986）检验中介作用的步骤检验创造进程参与的中介作用。表4.3中模型6显示工作创新要求对员工创造力有正向影响（$\beta=0.175$，$p<0.01$）；表4.3中模型2显示，工作创新要求对创造进程参与有正向影响（$\beta=0.156$，$p<0.01$）；表4.3中模型7显示当创造进程参与进入回归方程后，创造进程参与对员工创造力有正向影响（$\beta=0.171$，$p<0.01$），而工作创新要求对员工创造力的正向影响下降，但仍显著（$\beta=0.148$，$p<0.01$），表明创造进程参与在工作创新要求与员工创造力之间起部分中介作用。由此假设1成立。

为进一步验证中介效应的显著性，本章根据Wang等（2015）的建议运用Bootstrap法检验中介作用的大小，Bootstrap样本数为1000。检验结果显示，中介作用的效应值为0.028，95%置信区间为［0.008，0.059］，不包含0，结果表明创造进程参与在工作创新要求与员工创造力之间起正向中介作用。上述结果进一步验证了假设1。

假设2a和假设2b旨在揭示挑战性压力评估和阻断性压力评估对工作创新要求与创造进程参与关系的调节作用，表4.3中模型3显示工作创新要求与挑战性压力评估的交互项系数（$\beta=0.134$，$p<0.01$）显著，即挑战性压力评估对工作创新要求与创造进程参与的关系有正向调节作用，由此假设2a成立。为进一步检验挑战性压力评估的调节作用效果，对回归线斜率在高挑战性压力评估（均值加一个标准差）和低挑战性压力评估（均值减一个标准差）进行了显著性估计，结果显示，高挑战性压力评估条件下回归线斜率为显著的正值（$\beta=0.761$，$t=6.162$，$p<0.01$），低挑战性压力评估条件下斜率为显著的正值（$\beta=0.567$，$t=7.077$，$p<0.01$），具体调节效应结果如图4.2所示，假设2a得到进一步支持。

表4.3 层级回归分析结果

自变量	创造进程参与					员工创造力		
	模型1	模型2	模型3	模型4	模型5	模型6	模型7
性别	0.066	0.079	0.05	0.041	0.097	0.112	0.098
年龄	-0.001	0.001	0	-0.001	0	0.002	0.002
学历	0.024	0.034	0.017	0.005	-0.005	0.006	0
司龄	-0.007	-0.005	-0.002	-0.002	-0.001	0.002	0.003
工作创新要求		0.156**	0.255**	0.249**		0.175**	0.148**
挑战性压力评估			0.396**	-0.249**			
阻断性压力评估							
工作创新要求*挑战性压力评估			0.134**				
工作创新要求*阻断性压力评估				-0.112**			
创造进程参与					0.09		0.171**
R^2	0.016	0.051	0.418	0.333		0.041	0.061
ΔR^2		0.035	0.357	0.272		0.032	0.020
F	1.657	4.324**	41.472**	28.783**	0.891	3.450**	4.400**

注：表中系数为非标准化系数。$*p<0.05$，$**p<0.01$（双尾检验）。

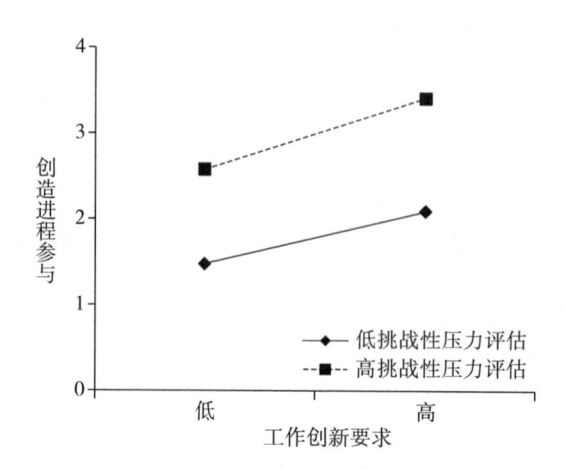

图4.2　挑战性压力评估对工作创新要求与创造进程参与关系的调节效应

表4.3中模型4显示工作创新要求与阻断性压力评估的交互项系数（β=-0.112，p<0.01）显著，阻断性压力评估对工作创新要求与创造进程参与的关系有负向调节作用，由此假设2b成立。为进一步检验阻断性压力评估的调节作用效果，对回归线斜率在高阻断性压力评估（均值加一个标准差）和低阻断性压力评估（均值减一个标准差）进行了显著性估计，结果显示，高阻断性压力评估条件下斜率为显著的负值（β=-0.16，t=-2.235，p<0.05），低阻断性压力评估条件下回归线斜率不显著（β=0.06，t=1.368，n.s.），具体调节效应结果如图4.3所示，假设2b得到进一步支持。

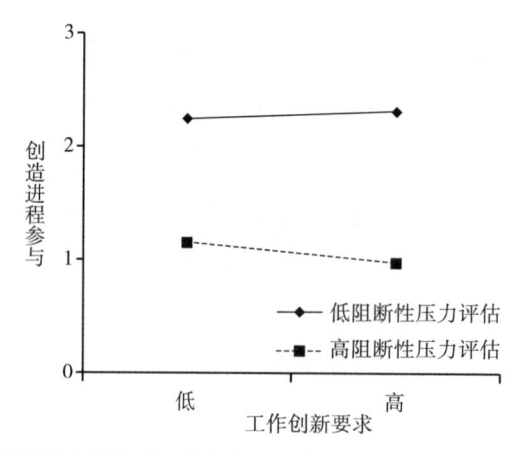

图4.3　阻断性压力评估对工作创新要求与创造进程参与关系的调节效应

假设3a和假设3b预测挑战性压力评估和阻断性压力评估调节工作创新要求与员工创造力之间通过创造进程参与中介作用的间接关系。本章根据单层次第一阶段被调节的中介效应检验方法（陈晓萍 等，2012），并遵循Edwards等（2007）提供的检验辅助文件，以Mplus7.0为分析工具，Bootstrap检验结果见表4.4。

表4.4　第一阶段被调节的中介作用Bootstrap 检验结果

调节变量	效应值（γ）	标准误（SE）	95%置信区间
挑战性压力评估（+1s.d.）	0.061	0.029	[0.008,0.118]
挑战性压力评估（-1s.d.）	0.027	0.019	[0.001,0.074]
差异	0.037	0.017	[0.007,0.076]
阻断性压力评估（+1s.d.）	0.022	0.015	[0.003,0.066]
阻断性压力评估（-1s.d.）	0.056	0.028	[0.006,0.119]
差异	-0.034	0.020	[-0.085,-0.004]

注：表中系数为非标准化系数，Bootstrap样本数为1000。

由表4.4可知，挑战性压力评估调节创造进程参与在工作创新要求与员工创造力之间的中介作用（即第一阶段被调节的中介作用间接效应）。具体来说，在高挑战性压力评估条件下，间接效应的95%置信区间为[0.008，0.118]，不包含0，即工作创新要求通过创造进程参与影响员工创造力的作用显著；在低挑战性压力评估条件下，间接效应的95%置信区间为[0.001，0.074]，不包括0，即工作创新要求通过创造进程参与影响员工创造力的作用显著；而且在挑战性压力评估高、低两种条件下，间接效应的差异显著（$\Delta\gamma=0.037$），95%置信区间为[0.007，0.076]，不包含0，由此假设3a成立。

根据表4.4可知，阻断性压力评估亦调节创造进程参与在工作创新要求与员工创造力之间的中介作用。具体来说，在高阻断性压力评估条件下，间接效应的95%置信区间为[0.003，0.066]，不包含0，即工作创新要求通过创造进程参与影响员工创造力的作用显著；在低阻断性压力评估条件下，间接效应的95%置信区间为[0.006，0.119]，不包括0，即工作创新要求通过创造进程参与影响员工创造力的作用显著；而且在阻断性压力评估高、低两种条件下，间接效应差异显著（$\Delta\gamma=-0.034$），95%置信区间为[-0.085，-0.004]，不包含

0，由此假设3b成立。

4.5 结果讨论

4.5.1 理论意义

首先，本章基于期望效应，从创造力产生的过程视角，提出了工作创新要求影响员工创造力的中介变量：创造进程参与。员工在面对工作创新要求时，主观上会要求自己采取各种可能的做法来实现这一要求，而实际上员工在问题处理过程中，初始通常是采取缺乏创造力的常规做法，难以达到目标要求。因此，员工需要在问题解决过程中花更多的精力并付出额外的努力去全面识别问题，才会获得大量与问题相关的信息，构思出众多的想法和备选方案，从而有助于形成既新颖又实用的解决方案（Shalley et al., 2004）。本章证实了创造进程参与在工作创新要求与员工创造力之间的中介作用，揭示了问题识别、信息搜寻和编码、创意形成是工作创新要求目标达成的重要条件，丰富了工作创新要求影响员工创造力的作用机制研究。

其次，基于压力认知交互作用理论，从正反两个视角证实了压力评估对工作创新要求与创造进程参与之间关系的调节效应，以及压力评估对工作创新要求与员工创造力之间通过创造进程参与中介作用的间接效应具有调节作用。以往的研究表明工作创新要求对员工创造力的影响主要取决于员工创新的内在兴趣和对组织价值感知的高低（Shin et al., 2017），但没有揭示压力评估的影响及作用。本章验证了挑战性压力评估所蕴含的积极信息对工作创新要求下的创造进程参与具有促进作用，而阻断性压力评估所蕴含的消极信息对工作创新要求下的创造进程参与具有抑制作用，从而丰富了对工作创新要求与员工创造力关系的作用机制和边界条件的认识。

4.5.2 管理启示

本章的研究结果为湖北省先进制造业企业如何通过工作创新要求促进员工创造力提供了两点重要启示。

首先,重视对工作创新要求目标实现的过程管理。过去的研究将创新行为视为员工自发的角色外行为,而将创新纳入员工的工作要求亦为组织的可持续创新发展提供了可能(Shin et al.,2017)。研究发现员工参与到创造过程中有助于工作创新要求的目标实现,因此,在管理实践中,管理者应意识到要求员工从事创新活动不仅仅是将创新纳入其工作职责,作为其必须要完成的工作内容,而且需要引导员工通过问题识别和信息加工处理,积极投身于创造过程中,为工作创新要求的目标实现奠定基础。

其次,关注和管理员工对工作创新要求的压力评估。本章发现挑战性压力评估显著地强化了工作创新要求与创造进程参与之间的关系,对于挑战性压力评估高的员工而言,他们在面对工作创新要求时更加倾向于投入到创造进程中。同时发现,阻断性压力评估显著地弱化了工作创新要求与创造进程参与之间的关系,相较于低阻断性压力评估的员工,高阻断性压力评估的员工在面对工作创新要求时更加倾向于回避创造进程。这提示管理者要关注员工对工作创新要求的压力评估,一方面管理者应尽可能为员工创设挑战性工作要求;另一方面通过改变员工对工作要求的认识(Crawford et al.,2010),提高员工对工作创新要求的意义感知,增强员工对工作创新要求的挑战性压力评估,减少阻断性压力评估,引导员工以积极的心态去努力实现企业所设定的工作创新要求目标。

4.5.3 局限与展望

本章虽提出了新的研究视角,但仍有待后续研究进一步改进和完善存在的不足之处。首先,研究中仅仅基于期望效应,从创造进程参与视角探讨了工作创新要求对员工创造力影响的内在机理,并没有完整地反映工作创新要求影响员工创造力的作用机制,后续研究可以从不同的理论视角来探索其作用机制;其次,研究发现阻断性压力评估负向调节工作创新要求与创造进程参与的关系,尤其在高阻断性压力条件下有显著的负向影响,但本章没有进一步揭示缓解员工阻断性压力评估的情境因素,未来的研究可以在此基础上从个体特质和组织氛围等视角探讨对员工阻断性压力评估有抑制作用的情境因素。第三,对工作创新要求通过创造进程参与影响创造力的边界条件研究中，仅考虑了个体压力评估的影响作用，未考虑团队氛围和领导行为等团队层次变量的影响，未来工作创新要求与员工创造力关系的边界条件研究可以在此基础上从个体特质、组织氛围和领导行为等视角展开。

4.6 本章小结

本章基于期望效应和压力认知交互作用理论，通过来自4家企业67个团队的412对上下级匹配数据，采用层级回归、Bootstrap法中介效应检验及第一阶段被调节的中介效应检验方法考察了工作创新要求与员工创造力的关系，进一步补充了"工作创新要求与员工创造力"关系的内容。研究结果主要包括：（1）创造进程参与正向中介工作创新要求与员工创造力的关系；（2）挑战性压力评估正向调节工作创新要求与创造进程参与的关系，阻断性压力评估负向调节工作创新要求与创造进程参与的关系；（3）工作创新要求通过创造进程参与的中介作用对员工创造力的间接效应受到了挑战性压力评估的正向调节以及阻断性压力评估的负向调节。以上研究结果丰富和拓展了工作创新要求与员工创造力之间的关系研究，同时对企业人力资源管理工作也具有重要的启示作用。

第5章 创新要求对员工创造力的影响机制研究：个体层次压力视角

5.1 问题提出

适应新常态与商业智能化冲突已成为企业转型发展的主基调，如何在工作创新要求的情境中激发员工的创造力，成为企业实施创新驱动发展战略的关键成功要素。

员工创造力是指员工在工作过程中提出的新奇而有用的想法（Amabile et al.，1996）。大量研究表明，作为为组织赢得竞争优势的关键因素（Amabile，1988；Shalley，1995），创造力的产生不仅取决于员工个体特质（Anderson et al.，2014）、组织工作氛围（Amabile et al.，2004），还取决于工作本身（Hackman et al.，1976），特别是任务对创新的内在要求（Unsworth et al.，2005）。尽管越来越多的学者开始关注工作创新要求对创造力预测（Hon，2013），但已有研究结论并不一致。

部分研究认为工作创新要求正向影响员工创造力（Gilson et al.，2004；Unsworth et al.，2010；Unsworth et al.，2005）。Unsworth等研究发现，工作创新要求是决定员工是否从事创新性活动的关键因素。Gilson等从创造过程参与角度研究发现，工作创新要求驱动员工更多地参与创造性过程，从而提升员工创造力。Shin等从意义建构视角研究发现，工作创新要求正向影响员工创造力，当员工的创新内在兴趣越低时，正向影响作用越强。另一些研究却发现两者之间的关系比较复杂。Yuan等的研究中假设工作创新要求正向影响员工创造力，研究结果却发现工作创新要求在预期风险和预期收益的中介作用下负向影响员工创造力。Tierney等的研究则发现，随着员工感知工作创新要求的增加，其创造性自我效能却逐渐降低，进而削弱了员工创造力。上述已有研究表明工作创新要求与员工创造力之间的关系仍然存在着不确定性。

事实上，在常规工作状态下，员工都会面临着相当大的压力（Byron et al.，2010），更遑论在高于普通标准的工作创新要求下。研究工作创新要求对员工创造力的影响，压力是一个绕不开的变量。出现研究结论不一致的一个重要原因可能就在于学者忽视了由创新高要求而触发的员工的不同压力评估。此外，不同心理特质的个体对抗压力而寻求个人发展的方式有差异（Goldstein et al.，2005），这是一个不容忽视的重要边界条件。总之，工作创新要求会自然触发个体的不同压力评估方式，并在个体应对压力的不同心理特质的作用下对创造力可能产生不同影响。换言之，需要从作用机制和边界条件的共同作用下考察工作创新要求和员工创造力的关系，否则就可能出现不一致的结论。

基于上述分析，本章基于压力认知交互作用理论和内在激励理论，引入挑战性压力、阻断性压力作为中介变量，心理弹性作为调节变量，研究创造性工作要求与员工创造力关系的作用机制和边界条件。本章将主要探讨：（1）工作创新要求对压力（挑战性压力和阻断性压力）的影响；（2）不同压力对员工创造力的影响；（3）心理弹性调节作用下不同压力对创造力的影响，以及在心理弹性调节作用下被调节的中介效应分析。

5.2 理论与假设

5.2.1 工作创新要求与压力的关系

工作创新要求是指员工感知到的组织期望或需要其产生与工作相关的想法（Unsworth，2005）。创新性要求起着"创造力提示"的作用（George，2007），同时也向员工传递了创造力是组织所期望的工作行为（Shalley，2008；Yuan et al.，2010）。

然而创造力孕育于挑战现存体系和实践的过程之中，需要付出辛勤的工作和努力，因此对员工而言通常是一项有风险的努力（Zhou et al.，2003）。

正因为员工需要承担创新失败的风险，因而工作创新要求会使员工产生工作压力（Hon，2013）。

工作压力意味着通过外部或环境因素破坏了个体的认知—情感—环境系统的平衡（House et al.，1972），因此，作为外部因素之一的工作创新要求有可能对大多数员工产生积极或消极影响（Hon，2013）。Selye（1982）将压力区分为正面压力和负面压力两个方面。进一步，Cavanaugh等（2000）提出挑战性和阻碍性压力概念。将个体认为可以克服的压力称为挑战性压力，例如工作负荷、工作范围与职责、工作复杂性等，面对挑战性压力个体通常会采取积极的应对策略，一旦克服压力后会有强烈的成就感（Webster et al.，2011），从而有助于其能力和绩效提升；将个体认为难以克服的压力称为阻断性压力，例如角色模糊与冲突、工作不安全感等，面对阻断性压力，个体通常会采取消极应对策略（Podsakoff et al.，2007），进而阻碍其目标达成和职业发展。

依据Gutnick等（2012）提出的压力认知交互作用模型，个体在面对工作创新要求时，会自发产生两种不同的压力评估，进而产生不同的压力感知。当个体将工作创新要求视为工作职责或责任时，会将此类压力评估为挑战性压力；而将工作创新要求视为工作不安全感或职业发展受阻时，则会将此类压力评估为阻断性压力。

研究表明，挑战性压力和阻断性压力是两个独立的概念（Lazarus et al.，1984），原则上，在同一时间经历两种压力是可能的（Gutnick et al.，2012）。正如，高标准、高风险的工作创新要求，一方面可能会导致高的压力感知并被视为具有挑战性的机遇，换言之，通过完成挑战性的任务能够彰显自己独特的竞争力；但也可能引发和加剧威胁的反应，因为最终的成功毕竟是不确定的。因此，本章认为挑战性压力感知和阻断性压力感知不是必然对立的，而工作创新要求可能同时启动并加强这两个看似对立的压力感知。根据上述分析，本章假设：

假设1a：工作创新要求正向影响挑战性压力；

假设1b：工作创新要求正向影响阻断性压力。

5.2.2 压力的中介作用

个体对压力评估后差异化的心理状态将对其心理和行为产生不同的作用，进而对创造力产生影响。挑战性评估会形成更高的认知灵活性（Compton et al., 2004）和行为适应性（Simonton, 1999），有助于创造力产生；而阻断性评估则会触发认知刚性和局限性思维模式（D'Aunno, 1992），削弱员工创造力。然而Tomaka（1997）等的研究指出，由于生理反应的互相抵消，通常认为在特定的情境中，挑战性评估和阻断性评估可能同时发生，但只有一个处于主导地位（Gutnick et al., 2012）。

员工在对工作创新要求的压力评估中，当挑战性评估占主导地位时，其任务意识感随之增强，虽然员工对于工作创新要求具有一定的压力感，但员工同时也有被挑战和被重视的感觉。根据内在激励理论（Deci, 1971），内在激励是由外部强化转化为内在的自我决定，个体由专注于任务本身"要我做什么"转化到内在兴趣"我要做什么"，从而具有较高的内在动机水平（马君，2016）。工作挑战性会激发人的内在积极性，促进个体为成就感和满足感而努力工作。根据Amabile（1996）的创造力组成理论，内在动机对员工创造力的影响至关重要，因为内在动机可以促使员工努力克服创造性活动中的风险，有助于其创造力的产生。

据此，可以判断由创造性工作要求所引致的挑战性压力，一方面可以增强员工的内在动机水平，促使其努力工作；另一方面可以调动员工的工作积极性，通过主观能动性的充分发挥，创造性地解决挑战性问题，产生高水平的创造力。根据上述分析，本章假设：

假设2a：挑战性压力正向影响员工创造力；

假设2b：挑战性压力在工作创新要求与员工创造力中间起正向中介作用。

员工在对工作创新要求的压力评估中，当阻断性评估占主导地位时，由于阻断性压力具有消极作用，员工会产生回避、甚至放弃的念头，工作努力程度会随之降低。员工往往以完成最低工作要求为目标，不愿意为承担更多的责任而努力工作。同时，当员工主要关注压力的负面作用时，意识和行动上会尽最大可能来规避负面作用所可能带来的影响，从而降低其从事创造性活动的内在动机。据此，可以判断创造性工作要求所引致的阻断性压力抑制了创造性内在动机，从而削弱了员工创造力。根据上述分析，本章假设：

假设3a：阻断性压力负向影响员工创造力；

假设3b：阻断性压力在工作创新要求与员工创造力中间起负向中介作用。

5.2.3 心理弹性的调节作用

心理弹性是指个体不受压力与逆境的负面影响，并能在压力与逆境之中奋斗不息而获得发展的现象（Goldstein et al., 2005）。在积极组织行为学领域中，心理弹性是帮助个体面对压力情景或挫折时，有效应对并弹回的能力（Siu et al., 2009），心理弹性可以帮助个体承受压力并有效地应对压力（Pinkerton et al., 2007），是个体压力应对的重要内在资源（Luthans et al., 2009）。心理弹性不仅具有受到冲击后恢复功能的能力，还包括更新、重组和发展功能。也可以将心理弹性的这种"适应能力"视为创造过程中的"创新性适应能力"，心理弹性可以使员工在受到冲击后仍然能够产生新的想法并创新性地开展工作（Lazzeretti et al., 2015）。由此，我们有理由认为在压力与创造力之间心理弹性发挥着重要作用。

已有研究表明（Robert, 2009；Mednick et al., 2007），高心理弹性的个体与低心理弹性的个体相比，其面对压力时，具有较强的环境适应性，更能及时调用积极乐观和心态平和等心理资源，主动寻求外部支持和帮助，采取积极措施应对困难和压力，较少采取消极应对或回避策略。由此，我们认为心理弹性会加强挑战性压力对员工创造力的正向影响，减弱阻断性压力对员工创造力的负向影响。

根据上述分析，本章假设：

假设4a：个体的心理弹性越高，挑战性压力对员工创造力的正向影响越强；

假设4b：个体的心理弹性越高，阻断性压力对员工创造力的负向影响越弱。

根据Edwards和Lambert（2007）的理论分析，当自变量通过中介变量的影响因变量之间的中介作用受到调节变量的影响时，就存在有被调节的中介作用。

综上以上分析和假设，本章认为，心理弹性对工作创新要求—挑战性压力—员工创造力三者间的关系起调节作用，以及对工作创新要求—阻断性压力—员工创造力三者间的关系起调节作用，即这两个中介作用都会受到心理弹性的影响。由此，本章提出被调节的中介作用假设：

假设5a：心理弹性正向调节工作创新要求与员工创造力之间通过挑战性压力中介作用的间接关系；

假设5b：心理弹性正向调节工作创新要求与员工创造力之间通过阻断性压力中介作用的间接关系。

综上分析，本章的理论模型如图5.1所示。

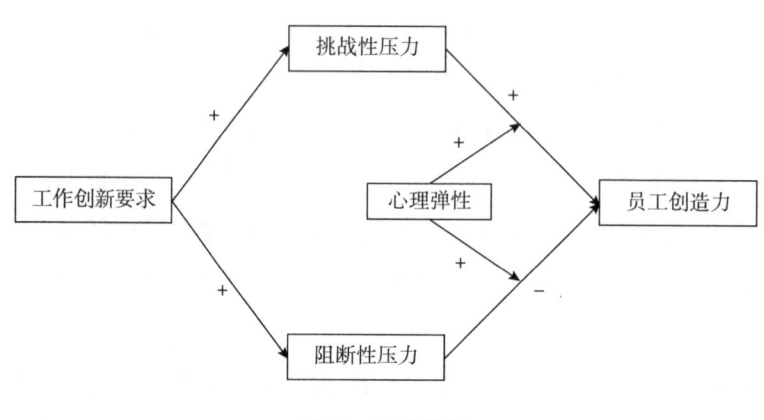

图5.1 理论模型

5.3 研究设计

5.3.1 研究对象

本章的数据通过问卷调查法获取，问卷采取现场发放、现场回收方式完成。调查对象为来自湖北的13家先进制造业企业的管理和技术人员，企业涉及计算机、通信等多个行业。为避免研究结果受共同方法偏差的影响，本章采取Jansen等（2012）建议的配对样本多源时滞数据收集方式，设计了员工版和领导版问卷，从员工和其直接领导两个来源收集数据，员工版问卷填写完成一个月后由其领导填写领导版问卷。员工版问卷包含工作创新要求、挑战性压力、阻断性压力和心理弹性的题项，领导版问卷为对其下属的创造力进行评分。共发放460套问卷，回收剔除无效样本后，最后共计46个团队392套有效匹配问卷，有效回收率为85.22%。

5.3.2 变量测量

除控制变量外，所有变量均采用五级李克特量表，从1（非常不同意）到5（非常同意）代表不同等级。

工作创新要求：采用Yuan等（2010）开发的5题项量表。示例题项如"我的工作职责包含了寻找新技术和新方法""将新观点和想法引入组织是我工作的一部分""我的工作要求我尝试运用新方法来解决问题"。该测量的克伦巴赫α值为0.85。

工作压力：采用Rodell等（2009）开发的8题项量表。其中挑战性压力有4个题项，示例题项如"我的工作要求我很努力地工作""我在工作中感受到时间的紧迫性""我在工作中感受到了工作责任的压力""我的工作要求我使用一些复杂的或高水平技术"。阻断性压力也为4题项量表，示例题项如："我不得不经历很多繁文缛节来完成我的工作""我没有完全理解组织期望我做什么""我收到来自两个或更多人的不一致的工作要求""我在完成工作的过程中会遇到很多麻烦"。挑战性压力和阻断性压力测量的克伦巴赫α值分别为0.92和0.83。

心理弹性：采用Siu等（2009）开发的9题项量表。示例题项如"我有信心克服目前或将来的困难，并能解决可能面对的困境或难题""面对巨人的压力时，我仍能保持冷静""即使在困难的环境下，我仍能积极面对""即使受到挫折，我也能很快恢复过来"。该测量的克伦巴赫α值为0.86。

员工创造力：采用Farmer等（2003）开发的4题项量表。示例题项如"该员工在工作中，会优先尝试新观点或新方法""该员工在工作中，会寻求新方法或新途径来解决问题""该员工在工作中，会产生与工作领域相关的开拓性想法""该员工在工作中，是一个非常优秀的创造力典范"。该测量的克伦巴赫α值为0.92。

控制变量：为避免本章中变量间的因果关系受到一些不相关变量的影响，本章中控制了性别、年龄、学历和司龄等人口学变量对研究的影响。其中，性别以"1"和"2"分别代表男性和女性；年龄以实际年龄表示；学历分为高中及以下、大专、本科和研究生及以上四个等级；司龄从小于1年到大于25年共分为八个等级。

5.4 研究结果

5.4.1 验证性因子分析

本章运用验证性因子分析评估工作创新要求、挑战性压力、阻断性压力、心理弹性和员工创造力五个主要变量的区分效度（表5.1），并将模型之间的拟合指数进行分析比较。结果表明五因子模型的拟合指标均优于其他四个模型，且各项指标均达到了判断标准的要求。结果表明本章中变量测量的区分效度较高，五因子模型是最佳的适配模型。

表5.1 验证性因子分析结果（n=392）

模型	χ^2	df	χ^2/df	CFI	TLI	SRMR	RMSEA
单因子模型	2150.77	299	7.193	0.263	0.198	0.139	0.126
二因子模型	1856.85	298	6.231	0.379	0.323	0.132	0.116
三因子模型	1557.22	296	5.261	0.498	0.449	0.124	0.104
四因子模型	1024.71	293	3.497	0.709	0.677	0.090	0.080
五因子模型	396.98	289	1.374	0.957	0.952	0.048	0.031

注：单因子模型：工作创新要求+挑战性压力+阻断性压力+心理弹性+员工创造力；二因子模型：工作创新要求+挑战性压力+阻断性压力+心理弹性、员工创造力；三因子模型：工作创新要求、挑战性压力+阻断性压力+心理弹性、员工创造力；四因子模型：工作创新要求、挑战性压力+阻断性压力、心理弹性、员工创造力；五因子模型：工作创新要求、挑战性压力、阻断性压力、心理弹性、员工创造力。

5.4.2 共同方法偏差检验

为降低共同方法偏差的影响，本章采用配对样本多源时滞调查方法，问卷中采取隐匿研究目的和变量名称等控制措施，事后依据Podsakoff等（2003）的建议运用多质多法检验共同方法偏差。具体做法是在五因子模型基础上，新增员工版和领导版问卷中由自评式、他评式被测构念所构成的两个潜在因子，构建七因子模型。七因子模型的拟合指数为χ^2=378.62，df=286，CFI=0.957，TLI=0.952，RMESA=0.029。对比潜在因子控制前后结果发现，七因子模型的χ^2改变显著（$\Delta\chi^2$=18.4，Δdf=3，$p<0.01$），由于$\Delta\chi^2$容易受测量样本量的影响（温忠麟 等，2004），因此对比时还需要考察其他拟合指数的变化量，控制前后ΔCFI=0.000、ΔTLI=0.000、ΔRMESA=0.002，变化幅度均在0.02以下，说明共同方法偏差对本章的研究不存在严重的影响（张军伟 等，2014）。

5.4.3 描述性统计

变量的均值、标准差和变量间的相关系数如表5.2所示。结果显示员工创造力与主要研究变量之间存在着显著的相关性，符合理论预期。信度系数均大于0.7，达到了可接受水平。

表5.2 描述性统计结果

变量名称	均值	标准差	1	2	3	4	5	6	7	8	9
1.性别	1.388	0.490									
2.年龄	33.061	6.797	-0.195**								
3.学历	2.543	0.926	-0.066	0.003							
4.司龄	7.926	6.278	-0.194**	0.735**	0.078						
5.工作创新要求	3.293	0.554	-0.009	-0.196**	-0.138**	-0.190**	(0.732)				
6.挑战性压力	3.029	0.585	0.112*	-0.070	-0.089	-0.084	0.241**	(0.801)			
7.阻断性压力	2.621	0.830	-0.016	-0.032	0.002	-0.030	0.144**	0.118*	(0.847)		
8.心理弹性	3.809	0.498	0.016	-0.053	-0.024	-0.055	0.006	0.085	-0.005	(0.747)	
9.员工创造力	3.202	0.520	0.093	-0.071	0.032	-0.080	0.153**	0.171**	-0.128*	0.153**	(0.730)

注：$n=392$，对角线上括号内标注为内部一致性系数。$*p<0.05$，$**p<0.01$（双尾检验）。

5.4.4 假设检验

本章主要采用层级回归并以Spss22为分析工具来验证上述假设，依据Aiken等（1991）的建议回归分析前对自变量、中介变量和调节变量进行中心化处理（张勇 等，2013；马君 等，2015），层级回归分析结果见表5.3。

假设1a和假设1b旨在研究工作创新要求对挑战性压力和阻断性压力的影响，模型1显示，工作创新要求对挑战性压力有正向影响（$\beta=0.249$，$p<0.01$）；模型2显示，工作创新要求对阻断性压力有正向影响（$\beta=0.226$，$p<0.01$）。由此假设1a和假设1b成立。

假设2a、2b和假设3a、3b主要验证挑战性压力和阻断性压力各自在工作创新要求与员工创造力之间的中介作用。本章按照Baron等（1986）检验中介作用的步骤检验挑战性压力和阻断性压力的中介作用。

模型3显示工作创新要求对员工创造力有正向影响（$\beta=0.147$，$p<0.05$）；模型1显示工作创新要求对挑战性压力的正向影响成立；模型4显示挑战性压力对员工创造力有正向影响（$\beta=0.151$，$p<0.01$）；模型5显示当挑战性压力进入回归方程，工作创新要求对员工创造力的正向影响下降，但仍显著（$\beta=0.126$，$p<0.01$），表明挑战性压力在工作创新要求与员工创造力之间起部分中介作用。由此假设2a成立，假设2b部分成立。

模型3显示工作创新要求对员工创造力的正向影响成立；模型2显示工作创新要求对阻断性压力的正向影响成立；模型8显示阻断性压力对员工创造力有负向影响（$\beta=-0.08$，$p<0.05$）；模型9显示当阻断性压力进入回归方程，工作创新要求对员工创造力的正向影响增强，仍显著（$\beta=0.169$，$p<0.01$），表明阻断性压力在工作创新要求与员工创造力之间起部分中介作用。由此假设3a成立，假设3b部分成立。

表5.3 层级回归分析结果

变量	挑战性压力 模型1	阻断性压力 模型2	模型3	模型4	模型5	模型6	员工创造力 模型7	模型8	模型9	模型10	模型11
性别	0.126	−0.045	0.102	0.077	0.086	0.072	0.084	0.089	0.098	0.083	0.092
年龄	0.001	0.013	−0.003	−0.006	−0.003	−0.004	−0.002	−0.005	−0.002	−0.003	0.000
学历	−0.031	0.028	0.033	0.028	0.037	0.026	0.035	0.021	0.036	0.021	0.036
司龄	−0.008	−0.071*	0.006	0.010	0.007	0.008	0.005	0.005	0.001	−0.003	−0.008
工作创新要求	0.249**	0.226**	0.147**		0.116*		0.128**		0.169**		0.173**
挑战性压力				0.151**	0.126**	0.147**	0.118*				
阻断性压力								−0.080*	−0.096**	−0.082**	−0.099**
心理弹性						0.143**	0.145**			0.155**	0.157**
挑战性压力*心理弹性						0.176*	0.189*				
阻断性压力*心理弹性										0.153*	0.156*
R^2	0.073	0.032	0.037	0.042	0.055	0.069	0.084	0.030	0.059	0.065	0.096
ΔR^2					0.017	0.026	0.030		0.022	0.035	0.037
F	6.072**	2.560*	2.933*	3.380**	3.765**	4.095**	4.381**	2.352*	4.041**	3.812**	5.079**

注：*$p<0.05$，**$p<0.01$（双尾检验）。

为进一步验证中介效应的显著性，本章根据Preacher等的建议运用bootstrap法检验中介作用的大小。如表5.4所示，挑战性压力在工作创新要求与员工创造力中间的正向中介作用显著，效应值为0.032，95%置信区间为［0.007，0.063］，不包含0；阻断性压力在工作创新要求与员工创造力中间的负向中介作用也显著，效应值为-0.021，95%置信区间为［-0.044，-0.006］，不包含0。上述结果进一步验证了假设2b和3b。

表5.4 中介效应检验结果

变量	中介效应	95%置信区间
工作创新要求→挑战性压力→员工创造力	0.032	［0.007，0.063］
工作创新要求→阻断性压力→员工创造力	-0.021	［-0.044，-0.006］

假设4a和假设4b旨在揭示心理弹性对挑战性压力与员工创造力关系的调节作用，以及心理弹性对阻断性压力与员工创造力关系的调节作用。模型6显示挑战性压力与心理弹性的交互项系数（$\beta=0.176$，$p<0.05$）显著，高心理弹性条件下回归线斜率为显著的正值（$\beta=0.905$，$t=2.869$，$p<0.01$），低心理弹性条件下斜率为显著的正值（$\beta=0.730$，$t=2.847$，$p<0.01$），具体调节效应结果见图5.2，假设4a得到支持。模型10显示，阻断性压力与心理弹性的交互项系数（$\beta=0.153$，$p<0.05$）显著，高心理弹性条件下回归线斜率为正值但不显著（$\beta=0.071$，$t=0.677$，n.s.），低心理弹性条件下斜率为显著的负值（$\beta=-0.082$，$t=-2.593$，$p<0.05$），具体调节效应结果见图5.3，假设4b得到支持。

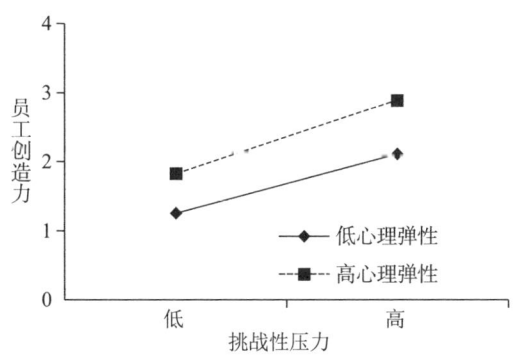

图5.2 心理弹性对挑战性压力与员工创造力关系的调节效应

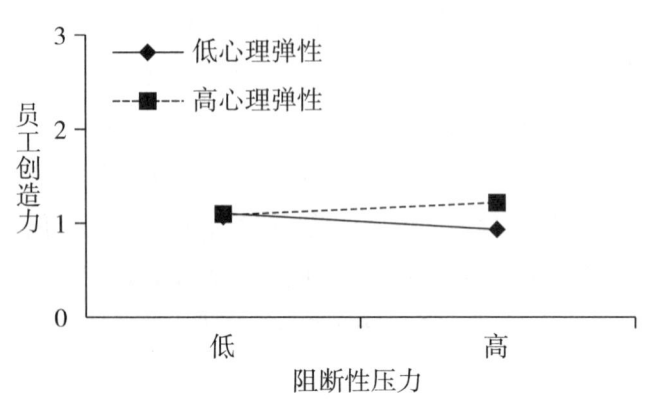

图5.3 心理弹性对阻断性压力与员工创造力关系的调节效应

假设5a和5b预测心理弹性调节工作创新要求与员工创造力之间通过挑战性压力中介作用的间接关系，以及心理弹性调节工作创新要求与员工创造力之间通过阻断性压力中介作用的间接关系。

根据单层次第二阶段被调节的中介检验方法（陈晓萍 等，2008），并遵循Edward等（2007）提供的检验辅助文件，以Mplus7.0为分析工具验证这两个假设，Bootstrap检验结果见表5.5。如表5.5所示，分析结果支持了第二阶段（挑战性压力→员工创造力）的调节效应，对心理弹性的不同水平，挑战性压力到员工创造力的路径系数有显著差异（$\Delta\gamma=0.258$），95%置信区间为［0.061，0.466］，不包含0，从而为假设4a提供了进一步的支持。表5.5显示，在高心理弹性和低心理弹性条件下，工作创新要求对员工创造力在挑战性压力的中介作用下均有显著的正向间接效应，两种条件下间接效应的差异是显著的（$\Delta\gamma=0.064$），95%置信区间为［0.017，0.139］，不包含0，由此假设5a成立。

分析结果也支持了第二阶段（阻断性压力→员工创造力）的调节效应，对心理弹性的不同水平，阻断性压力到员工创造力的路径系数有显著差异（$\Delta\gamma=0.170$），95%置信区间为［0.030，0.302］，不包含0，从而为假设4b提供了进一步的支持。表5.5显示，在高心理弹性和低心理弹性条件下，工作创新要求对员工创造力在阻断性压力的中介作用下均有显著的正向间接效应，两种条件下间接效应的差异是显著的（$\Delta\gamma=0.037$），95%置信区间为［0.007，0.093］，不包含0，由此假设5b成立。

表5.5 第二阶段被调节的中介作用Bootstrap检验结果

调节变量	工作创新要求(X)→挑战性压力($M1$)→员工创造力(Y)							
	第一阶段($X→M1$)		第二阶段($M1→Y$)		直接效应($X→Y$)		间接效应	
	效应值	95%置信区间	效应值	95%置信区间	效应值	95%置信区间	效应值	95%置信区间
心理弹性(−1s.d.)	−0.054	[−0.924,0.762]	0.972	[0.338,1.693]	−0.377	[−1.031,0.196]	0.240	[0.083,0.506]
心理弹性(+1s.d.)	−0.146	[−1.255,0.907]	1.230	[0.406,2.138]	−0.525	[−1.326,0.238]	0.304	[0.101,0.639]
差异($\Delta \gamma$)	−0.091	[−0.347,0.147]	0.258	[0.061,0.466]	−0.148	[−0.332,0.033]	0.064	[0.017,0.139]

调节变量	工作创新要求(X)→阻断性压力($M2$)→员工创造力(Y)							
	第一阶段($X→M2$)		第二阶段($M2→Y$)		直接效应($X→Y$)		间接效应	
	效应值	95%置信区间	效应值	95%置信区间	效应值	95%置信区间	效应值	95%置信区间
心理弹性(−1s.d.)	0.296	[−0.678,1.160]	0.466	[0.010,0.929]	−0.129	[−0.695,0.502]	0.101	[0.013,0.278]
心理弹性(+1s.d.)	0.319	[−0.933,1.430]	0.636	[0.037,1.231]	−0.150	[−0.957,0.595]	0.138	[0.021,0.371]
差异($\Delta \gamma$)	0.023	[−0.261,0.280]	0.170	[0.030,0.302]	−0.051	[−0.253,0.102]	0.037	[0.007,0.093]

5.5 结果讨论

5.5.1 理论贡献

本章结论对于揭示工作创新要求影响员工创造力的内在机制和边界条件具有重要的理论意义。

首先，揭示了工作创新要求对员工创造力影响的心理过程。本章结果显示，挑战性压力正向中介工作创新要求与员工创造力的关系；而阻断性压力负向中介创造性工作要求与员工创造力的关系。研究结果说明工作创新要求对员工创造力既有正向的作用，又有负向的作用，即工作创新要求会增加挑战性工作压力从而提高员工创造力，又同时会增强阻断性工作压力从而抑制员工创造力。这一基于压力认知交互作用理论的研究发现回答了以往关于工作创新要求与员工创造力之间关系不一致的问题（Tierney et al., 2011；Gilson et al., 2004）。这表明为了确定工作创新要求对员工创造力的促进或抑制作用，需要考虑员工对压力的评估，未考虑压力评估差异是导致研究结论不确定性的重要原因之一。本章通过将员工对工作创新要求的评估分为不同类型的压力，从而为解决工作创新要求与员工创造力之间关系的不一致问题给出了全新的研究视角和崭新的理论解释。

其次，本章提出并验证了心理弹性对工作创新要求与员工创造力之间间接关系的调节作用。以往的研究表明工作创新要求对员工创造力的影响主要取决于员工创新的内在兴趣和对组织价值感知的高低（Shin et al., 2016），但没有揭示员工的心理弹性（创新性适应能力）（Lazzeretti et al., 2015）的影响及作用。本章证实了心理弹性对挑战性压力与员工创造力和阻断性压力与员工创造力关系具有显著的正向调节效应，还发现在工作创新要求对挑战性压力与员工创造力和工作创新要求对阻断性压力与员工创造力的间接效应中，心理弹性在第一阶段和直接关系的调节效应都不显著，只有第二阶段调节效应和第二阶段被调节的中介效应显著。这一结论与Luthans和Avolio（2009）及Lazzeretti和Capone（2015）的结论具有一致性，由此可见，心理弹性在员工压力应对的心理过程中起着关键作用，也就是说心理弹性在个体应对由于工作创新要求产生的压力中扮演着重要角色，有助于员工在压力情境下产生创造力。本章通过揭示心理弹性对工作创新要求—压力—员工创造力间接关系的调节效应，从而丰富了对工作创新要求与员工创造力关系的作用机制和边界条件的认识。

5.5.2 管理启示

本章结果为企业如何通过工作创新要求提升员工创造力提供了两点重要启示。

首先，加强对员工压力的关注和管理。本章发现工作创新要求对挑战性压力和阻断性压力都具有促进作用，然而对挑战性压力的促进作用可以增强员工创造力，对阻断性压力的促进作用却抑制了员工创造力。这提示企业在员工创新管理中要关注员工对工作创新要求的压力评估，一方面管理者应尽可能为员工创设挑战性工作要求；另一方面管理者通过改变员工对工作要求的认识（Crawford et al.，2010）提高员工对工作创新要求的意义感知，激发员工的内部动机，从而增强员工对工作创新要求的挑战性评估，减少阻断性评估。

其次，培育和增强员工的心理弹性。本章发现心理弹性增强了挑战性压力对员工创造力的正向影响，缓解了阻断性压力对员工创造力的负向影响，证实了心理弹性的积极作用。因此，企业应高度重视在压力情境下心理弹性对员工创造力的重要作用。在管理实践中，组织应有针对性地培育员工的心理弹性，或鼓励员工进行积极的自我完善，提升自身的心理弹性，从而增强员工的抗压能力并采取积极的压力应对策略。

5.5.3 局限与展望

本章虽提出了新的研究视角，但仍有待于后续研究进一步改进和完善存在的不足之处。首先，仅基于压力认知交互作用理论探讨了工作创新要求对员工创造力影响的心理过程，并没有完整地反映工作创新要求影响员工创造力的作用机制，后续研究可以从不同的理论视角来探索其作用机制；其次，本章中心理弹性对工作创新要求与员工创造力直接关系的调节作用并不显著，只有

第二阶段调节和第二阶段被调节的中介效应显著,并没有完整地探讨工作创新要求影响员工创造力的边界条件,后续研究可以深入探讨工作创新要求与员工创造力之间直接效应和间接效应的边界条件;第三,本章数据来源于同一个地区,结论推广性存在着一定的限制,后续研究可以考虑跨区域数据采集,以增强结论的可信性。

5.6 本章小结

本章基于压力认知交互作用理论和内在激励理论,通过来自13家企业的392对上下级匹配数据,采用层级回归、Bootstrap法中介效应检验及第二阶段被调节的中介效应检验方法考察了工作创新要求与员工创造力的关系,进一步补充了"工作创新要求与员工创造力"关系的内容。研究结果主要包括:(1)工作创新要求与挑战性压力和阻断性压力均存在正向相关关系;(2)挑战性压力正向影响员工创造力,阻断性压力负向影响员工创造力;(3)挑战性压力正向中介工作创新要求与员工创造力的关系,阻断性压力负向中介创造性工作要求与员工创造力的关系;(4)心理弹性正向调节挑战性压力与员工创造力、阻断性压力与员工创造力的关系;(5)创造性工作要求通过中介挑战性压力和阻断性压力对员工创造力的间接效应均受到了心理弹性的正向调节。以上研究结果丰富和拓展了创造性工作要求与员工创造力之间的关系研究,同时对企业人力资源管理工作也具有重要的启示作用。

第6章 创新要求对员工创造力的影响机制研究：个体层次工作卷入视角

6.1 问题提出

组织活力激发和价值创造需要员工将坚持长期奋斗从精神上落实到行动中，因此，在创新驱动发展战略深入实施的时代背景下，如何在工作创新要求的情境中激发员工的创造力，发挥创新对发展的支撑作用，已成为企业不断提高质量、效益和竞争力的关键要素，也成为研究者们关注的重点话题。以华为为例，其一贯坚持"以奋斗者为本"的核心价值观，在管理实践中倡导"不让雷锋吃亏"的源远流长政策，使创造财富和分配合理化；奉行将奖励和机会向成功者、奋斗者和业绩优秀者大胆倾斜，通过拉开差距使后进者有奋斗的方向和动力，从而激励员工在高标准、严要求条件下通过创造价值，不断提高自己的能力和贡献（黄卫伟，2014）。

员工创造力是指员工在工作过程中提出的新奇而有用的想法（Amabile，1996）。已有研究表明创造力作为为组织赢得竞争优势的关键因素（Perry-Smith et al.，2015；蒿坡 等，2015），其产生不仅取决于组织工作氛围（秦伟平 等，2016）、员工个体特质（Anderson et al.，2014；马君 等，2015）、还取决于工作任务对创新的内在要求（Unsworth et al.，2005）。工作创新要求作为决定员工是否从事创新性活动的关键因素之一，已受到越来越多的学者关注，然而工作创新要求对员工创造力预测的研究结论并不一致。部分研究认为工作创新要求对员工创造力有正向影响作用（Gilson et al.，2004；Shin，2017），也有研究表明二者之间存在负相关关系（Yuan，2010；Tierney，

2011），观点对立的背后折射出工作创新要求与员工创造力之间的关系复杂性，学者们对工作创新要求影响员工创造力的内在机理模糊，仍需深入研究。

已有研究表明工作创新要求对创造力的影响并非来自上级主管的行为作用，而主要取决于员工对工作创新要求认知理解后的心理状态（Shin，2017）。工作卷入作为积极心理学中的重要概念，是指员工在心理上对工作的认同程度（Johari，2016）。从组织管理角度来看，工作卷入可以激发员工的工作动机，随着工作卷入增强员工更能在工作中做到全力以赴，从而提升组织绩效；从员工个体角度来看，随着工作卷入程度增强可以使员工在感知任务意义的同时在工作中做到全神贯注，有助于产生新奇和有用的想法（Lin et al.，2010）。此外，分配公平在管理实践中已受到广泛关注，已成为在我国本土情境下研究员工态度及行为的重要情境因素之一（樊耘 等，2015）。分配公平作为员工对投入与回报是否公平的心理感知，影响着员工的工作态度和行为，以及对组织目标和工作要求的心理和行为反应（Lee，2011），是研究工作创新要求与员工创造力关系不容忽视的重要边界条件。

基于以上分析，本章以工作创新要求对员工创造力的影响机制为出发点，通过分析工作卷入的中介作用和分配公平的调节作用，探讨研究的理论贡献和管理启示，旨在为企业通过工作创新要求激发员工的创造力提供指导和借鉴。

6.2 理论与假设

6.2.1 工作创新要求、工作卷入与员工创造力

工作创新要求是指员工感知到的组织期望或需要其产生与工作相关的想法（Unsworth，2005），向员工传递产生创造力是组织所期望的工作行为，在心理学研究文献中，工作创新要求意味着工作所涉及的生理、社会和组织等内容需要员工去实现（Hon，2013），是员工从事创造活动的外部目标（Shin，2017）。

员工对工作目标和任务意义的理解会影响其对工作的心理认同程度。工作卷入是个体对其从事的或将要致力于的工作的心理认同，是从心理上认同其工作的一种认知或信念状态，反映了员工对自己目前所从事工作的投入程度

（Zhang，2014）。工作卷入是一种高度依赖于工作情境的态度特征，并不是个体与生俱来的人格特质，Bozionelos（2004）的实验研究验证了人格特征与工作卷入的相关性较弱，而与组织或工作相关的情境因素能够更好地预测个体的工作卷入，即工作环境特征或工作类型影响着个体卷入工作的程度。工作卷入的前因变量包括组织情境以及个体特质与组织情境的交互作用，其中工作特征是组织情境中影响工作卷入的重要因素。已有实证研究表明，工作特征模型中的任务重要性和工作反馈与工作卷入显著正相关，与枯燥、乏味的工作相比，员工更易卷入复杂、有挑战性的工作（Johari et al.，2016）。

目标设置理论认为，目标自身具有激励作用，能驱动员工将需要转变为动机并引导行为努力方向（Neubert，2016）。工作创新要求使员工感知到组织期望其能够不断尝试运用新方法来解决问题，通过创新来满足工作需求。工作创新要求所具有的复杂性和挑战性外部目标特性，传递了组织对员工的创新期待，有助于员工感知任务意义，增强其对当前工作及组织的心理认同感，形成积极的工作态度，全神贯注投身于工作中。

工作卷入是个体从心理上认同其工作的态度特征，学者们已证实个体的态度状态是行为结果的主要前因变量（Motowidlo，2003）。Johari等（2016）研究发现在工作中具有高工作卷入水平的个体将会付出更多的努力来实现组织目标，Hassan（2014）在对公务员的工作卷入研究中发现，当公务员感知到工作的重要性时，倾向于更多地卷入到工作中，投入更多的精力去完成具有挑战性的工作。工作卷入已被学者们视为影响组织绩效和个体动机的主要因素，个体全神贯注于工作中将会增强问题处理动机，进而对工作绩效及其他相关结果产生影响。

当员工由任务意义驱动而卷入工作时，能够促使其付出更多的努力产生新奇和有用的想法并努力去实现（Lin，2010）。创造力的产生要求参与者更多地卷入到创造过程中，当员工主动卷入工作并聚焦于工作时，有助于其创造性地开展工作（Baer，2006）。由上述分析可知，工作创新要求的目标实现需要个体真正卷入到工作中，高度的工作卷入能提高个体的创造力水平，工作卷入对员工创造力具有预测作用（袁凌 等，2016）。因此，本章提出以下假设：

假设1：工作卷入在工作创新要求与员工创造力之间起中介作用。

6.2.2 分配公平的调节作用

分配公平是指员工感知到的组织分配绩效结果的公平性，是员工对其付出的努力和投入与得到的奖励和回报比较后的公平感知（Kim et al., 2017），影响着个体对工作的心理认知和情感投入（樊耘，2015），是与工作相关的态度或行为的关键驱动因素之一。员工在努力实现工作创新要求的目标过程中需要在常规工作基础上付出额外的脑力、体力和精力，组织对员工的额外付出给予价值认同和补偿十分重要，会对员工的工作认同、工作态度和行为产生直接影响（马君 等，2015）。

根据工作卷入动机理论模型（Kanungo，1978），工作是满足个体需要或期望的潜在力量，分配公平是员工对其将要付出的努力和投入的期望因素之一。当员工感知到分配公平时，亦会从心理上认同工作（郑晓明，2016），表现为工作卷入，反之则不然。由此可见，在分配公平程度不同的条件下，工作创新要求对工作卷入的促进作用不同，因此本章引入分配公平作为工作创新要求与工作卷入之间的调节变量。

社会信息加工理论指出，员工的态度和行为会根据从环境中获取的信息而调整（段锦云，2014）。分配公平的高低决定了员工从事创新性工作的意愿以及对工作卷入程度的高低。在高分配公平条件下，员工对工作创新要求拥有积极的情绪，更愿意卷入工作，进一步增强了工作创新要求对工作卷入的影响作用。因此，本章提出以下假设：

假设2：分配公平在工作创新要求与工作卷入之间起调节作用；分配公平程度越高，工作创新要求对工作卷入的正向影响越强。

6.2.3 被调节的中介作用

根据Edwards等（2007）的理论分析，当自变量通过中介变量影响因变量之间的中介作用受到调节变量的影响时，就存在有被调节的中介作用。本章在假设1提出了工作卷入对于工作创新要求和员工创造力之间的中介作用，在假设2中提出因为分配公平程度不同，工作创新要求对工作卷入的影响有差异。综合上述分析，我们认为工作创新要求通过工作卷入间接影响员工创造力，且间接作用的强度取决于分配公平的程度。具体而言，分配公平程度越高，工作创新要求通过工作卷入对员工创造力的间接效应越强。因此，本章提出以下假设：

假设3：分配公平调节工作创新要求与员工创造力之间通过工作卷入中介作用的间接关系，即分配公平程度越高，工作创新要求对工作卷入的正向作用越强，从而增强工作创新要求对员工创造力的正向作用。

综上分析，本章的理论模型如图6.1所示。

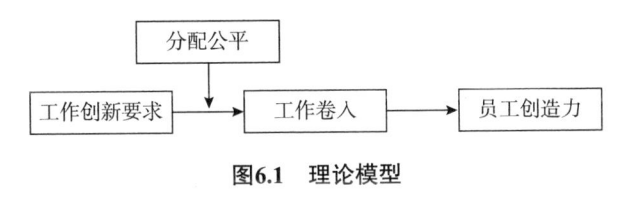

图6.1 理论模型

6.3 研究设计

6.3.1 研究对象

本章的数据通过问卷调查法获取，问卷采取现场发放、现场回收方式完成。调研时间为2016年7月至2017年3月。调查对象为来自湖北6家先进制造业企业的管理和技术人员，企业涉及计算机、通信和机械等行业。为避免研究结果受共同方法偏差的影响，本章采取Jansen等（2012）建议的配对样本多源时滞数据收集方式，设计了员工版和领导版问卷，从员工和其直接领导两个来源收集数据，员工版问卷填写完成一个月后由其领导填写领导版问卷。员工版问卷包含工作创新要求、工作卷入和分配公平的题项，领导版问卷为对其下属的创造力进行评分。共发放460套问卷，回收剔除无效样本后，最后共计53个团队416套有效匹配问卷，有效回收率为90.43%。

6.3.2 变量测量

除控制变量外，变量测量均采用李克特五级量表，不同等级由5（非常同意）到1（非常不同意）表示。

工作创新要求：采用Yuan等（2010）开发的5题项量表。示例题项如"我的工作职责包含了寻找新技术和新方法""将新观点和想法引入组织是我工作的一部分""我的工作要求我尝试运用新方法来解决问题"。该测量的克伦巴赫α值为0.850。

工作卷入：采用Kanungo（1982）开发的10题项量表。示例题项如"对我来说，最重要的事中包含有我当前的工作""我完全投身于现在的工作中""我与当前的工作有非常强的联系，难以割舍""我将工作视为我的生活中心""我多数时间能够全神贯注于工作"。该测量的克伦巴赫α值为0.870。

分配公平：采用Sweeney（1997）开发的11题项量表。示例题项如"在本部门，升职或计划外加薪通常取决于员工的工作绩效""如果我的工作非常出色，我会得到升职或更好的工作""主管对我的绩效评估结果公平，准确地反映了我的实际工作业绩""如果我的工作出色，我会得到现金奖励或计划外的加薪"。该测量的克伦巴赫α值为0.810。

员工创造力：采用Farmer等（2003）开发的4题项量表。示例题项如"该员工在工作中，会优先尝试新观点或新方法""该员工在工作中，会寻求新方法或新途径来解决问题""该员工在工作中，会产生与工作领域相关的开拓性想法""该员工在工作中，是一个非常优秀的创造力典范"。该测量的克伦巴赫α值为0.920。

控制变量：为避免本章中变量间的因果关系受到一些不相关变量的影响，我们控制了性别、年龄、学历和司龄等人口学变量对研究的影响。其中，性别以"1"和"2"分别代表男性和女性；年龄以实际年龄表示；学历分为高中及以下、大专、本科和研究生及以上四个等级；司龄以实际工作年限表示。

6.4 研究结果

6.4.1 验证性因子分析

运用验证性因子分析评估工作创新要求、工作卷入、分配公平和员工创造力四个主要变量的区分效度（表6.1），并将模型之间的拟合指数进行分析比较。结果表明四因子模型的拟合指标均优于其他三个模型，且各项指标均达到了判断标准的要求。结果表明本章中变量测量的区分效度较高，四因子模型是最佳的适配模型。

表6.1 验证性因子分析结果（n=416）

模型	χ^2	df	χ^2/df	CFI	TLI	SRMR	RMSEA
单因子模型	1 783.600	405	4.404	0.433	0.391	0.104	0.091
二因子模型	1 426.647	404	3.531	0.579	0.547	0.094	0.078
三因子模型	932.690	402	2.320	0.782	0.764	0.073	0.056
四因子模型	557.078	399	1.396	0.935	0.929	0.049	0.031

注：单因子模型：工作创新要求+工作卷入+分配公平+员工创造力；二因子模型：工作创新要求+工作卷入+分配公平+员工创造力；三因子模型：工作创新要求+工作卷入+分配公平+员工创造力；四因子模型：工作创新要求+工作卷入+分配公平+员工创造力。

6.4.2 共同方法偏差检验

为降低共同方法偏差的影响，本章采用配对样本多源时滞调查方法，问卷中采取隐匿研究目的和变量名称等控制措施，事后依据Podsakoff等（2003）的建议运用多质多法检验共同方法偏差。具体做法是在四因子模型基础上，新增员工版和领导版问卷中由自评式、他评式被测构念所构成的两个潜在因子，构建六因子模型。六因子模型的拟合指数为χ^2=522.940，df=3966，CFI=0.948，TLI=0.943，RMESA=0.028。潜在因子控制前后的结果对比发现，六因子模型的χ^2有显著改变（$\Delta\chi^2$=34.138，Δdf=3，p<0.010），由于$\Delta\chi^2$容易受测量样本量的影响，因此对比时还需要考察其他拟合指数的变化量，控制前后ΔCFI=0.013，ΔTLI=0.014，ΔRMESA=0.003，变化幅度均在0.020以下，说明共同方法偏差对本章的研究不存在严重的影响（张军伟 等，2014）。

6.4.3 描述性统计

变量的均值、标准差和变量间的相关系数如表6.2所示。结果显示主要研究变量与员工创造力之间有着显著的相关性，符合理论预期。信度系数均大于0.7，达到了可接受水平。

表6.2 描述性统计结果和相关系数矩阵

变量名称	均值	标准差	1	2	3	4	5	6	7	8
1.性别	1.430	0.496								
2.年龄	32.185	6.160	−0.167**							
3.学历	2.906	0.800	−0.062	−0.112*						
4.司龄	6.175	4.628	−0.094	0.797**	−0.121*					
5.工作创新要求	3.290	0.541	−0.057	−0.150**	−0.046	−0.163**	(0.771)			
6.工作卷入	3.412	0.461	0.081	−0.093	0.043	−0.099*	0.189**	(0.752)		
7.分配公平	3.559	0.489	−0.009	0.016	−0.003	0.036	−0.007	0.329*	(0.781)	
8.员工创造力	3.326	0.546	0.103*	−0.027	−0.010	−0.042	0.148**	0.165**	0.039	(0.738)

注：$n=416$，对角线上括号内标注为内部一致性系数。*$p<0.05$，**$p<0.01$（双尾检验）

6.4.4 假设检验

本章主要采用层级回归并以Spss22为分析工具来验证上述假设，回归分析前首先对自变量、中介变量和调节变量进行中心化处理（张军伟 等，2014；方杰 等，2015），层级回归分析结果见表6.3。

表6.3 层级回归分析结果

变量	工作卷入		员工创造力		
	模型1	模型2	模型3	模型4	模型5
性别	0.081	0.073	0.129	0.102	0.116
年龄	0.000	0.000	0.005	0.004	0.005
学历	0.029	0.036	0.003	−0.008	−0.001
司龄	−0.005	−0.006	−0.006	−0.006	−0.005
工作创新要求	0.159**	0.175**	0.157**		0.132**
分配公平		0.302**			
工作创新要求*分配公平		0.289**			
工作卷入				0.184**	0.156**
R^2	0.050	0.188	0.035	0.024	0.052
ΔR^2		0.138			0.017
F	4.298**	13.529**	3.017*	3.079*	3.739**

注：表中系数为非标准化系数。*$p<0.05$，**$p<0.01$（双尾检验）。

假设1旨在研究工作创新要求与员工创造力之间的中介作用。本章首先按照Baron等（1986）检验中介作用的步骤检验工作卷入的中介作用。模型1显示，工作创新要求对工作卷入有正向影响（$\beta=0.159$，$p<0.01$）；模型3显示工作创新要求对员工创造力有正向影响（$\beta=0.157$，$p<0.05$）；模型4显示工作卷入对员工创造力有正向影响（$\beta=0.184$，$p<0.01$）；模型5显示当工作卷入进入回归方程，工作创新要求对员工创造力的正向影响下降，但仍显著（$\beta=0.132$，$p<0.01$），表明工作卷入在工作创新要求与员工创造力之间起部分中介作用。由此假设1成立。

为进一步验证中介效应的显著性，本章根据Preacher等（2015）的建议运用bootstrap法检验中介作用的大小，bootstrap样本数为1000。检验结果显示，中介作用的效应值为0.026，95%置信区间为［0.007，0.055］，不包含0，结果表明工作卷入在工作创新要求与员工创造力之间起正向中介作用。上述结果进一步验证了假设1。

假设2旨在揭示分配公平对工作创新要求与工作卷入关系的调节作用，模型2显示工作创新要求与分配公平的交互项系数（$\beta=0.289$，$p<0.01$）显著，由此假设2成立。为进一步检验分配公平的调节作用效果，我们对回归线斜率在高分配公平（均值加一个标准差）和低分配公平（均值减一个标准差）进行了显著性估计。结果显示，高分配公平条件下回归线斜率为显著的正值（$\beta=1.345$，$t=7.308$，$p<0.01$），低分配公平条件下斜率为显著的正值（$\beta=1.062$，$t=7.526$，$p<0.01$），具体调节效应结果见图6.2，假设2得到进一步支持。

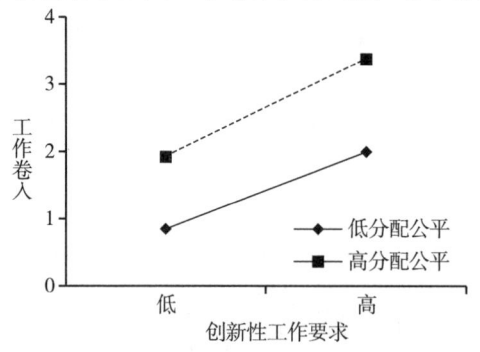

图6.2 分配公平对创新性工作要求与工作卷入关系的调节效应

假设3预测分配公平调节工作创新要求与员工创造力之间通过工作卷入中介作用的间接关系。本章根据单层次第一阶段被调节的中介检验方法（陈晓萍，2012），并遵循Edwards等（2007）提供的检验辅助文件，以Mplus7.0为分析工具，Bootstrap检验结果见表6.4。由表6.4可知，分配公平会调节工作卷入在工作创新要求与员工创造力之间的中介作用（即第一阶段被调节的中介作用间接效应），在高分配公平和低分配公平条件下，工作创新要求对员工创造力的直接效应差异不显著，而通过工作卷入这一中介变量对员工创造力的间接效应差异显著。具体来说，在高分配公平条件下，间接效应的95%置信区间为［0.013，0.097］，不包含0，即工作创新要求通过工作卷入影响员工创造力的作用显著；在低分配公平条件下，间接效应的95%置信区间为［-0.009，0.034］，包括0，即工作创新要求通过工作卷入影响员工创造力的作用不显著，但间接效应差异显著（$\Delta\gamma=0.047$），95%置信区间为［0.011，0.096］，不包含0，由此假设3成立。

表6.4 第一阶段被调节的中介作用Bootstrap检验结果

<table>
<tr><th rowspan="2">调节变量</th><th colspan="8">工作创新被调 (X) →工作卷入 (M) →员工创造力 (Y)</th></tr>
<tr><th colspan="2">直接效应 (X→Y)</th><th colspan="2">第一阶段被调节间接效应</th><th colspan="2">总效应</th></tr>
<tr><td></td><td>效应值</td><td>95%置信区间</td><td>效应值</td><td>95%置信区间</td><td>效应值</td><td>95%置信区间</td></tr>
<tr><td>分配公平 (+1s.d.)</td><td>0.127</td><td>[0.005, 0.267]</td><td>0.052</td><td>[0.013, 0.097]</td><td>0.179</td><td>[0.053, 0.312]</td></tr>
<tr><td>分配公平 (−1s.d.)</td><td>0.128</td><td>[−0.018, 0.285]</td><td>0.005</td><td>[−0.009, 0.034]</td><td>0.133</td><td>[−0.023, 0.280]</td></tr>
<tr><td>差异</td><td>−0.001</td><td>[−0.213, 0.214]</td><td>0.047</td><td>[0.011, 0.096]</td><td>0.046</td><td>[−0.153, 0.271]</td></tr>
</table>

注：表中系数为非标准化系数，bootstrap样本数为1000。

6.5 结果讨论

6.5.1 理论贡献

本章从员工认知心理状态的工作卷入视角,揭示工作创新要求影响员工创造力的内在机制和边界条件具有重要的理论意义。

首先,揭示了工作创新要求对员工创造力影响的心理认知过程,证实了工作卷入是工作创新要求影响员工创造力的一个中介变量。过往的一些研究讨论了工作创新要求对工作卷入的影响,还有一些研究探讨了工作卷入与员工创造力之间的关系,但截至目前未有学者将上述构念整合在同一个理论框架下加以研究。本章揭示了工作卷入在工作创新要求与员工创造力之间的中介作用,丰富了工作创新要求影响员工创造力的中介机制。

其次,基于社会信息加工理论证实了分配公平对工作创新要求与工作卷入之间关系的调节效应,以及分配公平对工作创新要求与员工创造力之间通过工作卷入中介作用的间接关系具有调节效应。以往的研究表明工作创新要求对员工创造力的影响主要取决于员工创新的内在兴趣和对组织价值感知的高低(Shin,2017),但没有揭示分配公平的影响及作用。本章发现分配公平感知增强了工作创新要求对工作卷入的正向影响,从而丰富了我们对工作创新要求与员工创造力关系的作用机制和边界条件的认识。

6.5.2 管理启示

本章结果为企业如何通过工作创新要求提升员工创造力提供了两点重要启示。

首先,关注员工的工作卷入程度。工作创新要求能否催生员工创造力,需要对工作卷入程度重点关注,管理者应充分认识到工作卷入可以有效提升员工的创造力水平。在管理实践中需要通过价值认同促进员工职业认同,提高员工对工作创新要求的心理认同;通过加强对创新过程的工作卷入激发员工的创新潜能,使员工由简单完成任务式的尽力工作向思想上艰苦奋斗勤于动脑的尽心工作转变（黄卫伟，2014），提高工作卷入程度，激发员工潜能，增强员工创造力。

其次，建立和维护组织分配公平氛围，增强工作创新要求对工作卷入的促进作用，良好的分配公平氛围是员工在工作创新要求下能够提高工作卷入程度的组织环境保障。组织需要在管理实践中以公平为导向改革分配制度，使员工在心理认同的基础上，增强分配公平感（周浩，2014）。以华为为例，其价值分配以员工奋斗和冲锋为导向，坚决奉行不让雷锋吃亏，公平合理回报奉献者。通过统一奖赏评定和薪酬评价，提升了员工的组织认同感和创新内在动机，实现了员工能够为成功而尽心工作（黄卫伟，2014）。因此，建立合理的绩效分配体系、积极营造分配公平氛围对提升员工创造力具有重要意义。

6.5.3 局限与展望

本章虽提出了新的研究视角，但仍有待于后续研究进一步改进和完善存在的不足之处。首先，我们仅仅基于工作卷入视角探讨了工作创新要求对员工创造力影响的心理过程，并没有完整地反映工作创新要求影响员工创造力的作用机制，后续研究可以从不同的理论视角来探索其作用机制；其次，本章中分配公平对工作创新要求与员工创造力之间直接关系的调节作用并不显著，只有第一阶段调节和第一阶段被调节的中介效应显著，并没有完整地探讨工作创新要求影响员工创造力的边界条件，后续研究可以进一步深入探讨工作创新要求与员工创造力之间直接效应和间接效应的边界条件。

6.6 本章小结

本章基于目标设置理论和社会信息加工理论，通过来自6家企业的416对上下级匹配数据，采用层级回归、Bootstrap法中介效应检验及第一阶段被调节的中介效应检验方法考察了工作创新要求与员工创造力的关系，进一步补充了"工作创新要求与员工创造力"关系的内容。研究结果主要包括：（1）工作卷入正向中介工作创新要求与员工创造力的关系；（2）分配公平正向调节工作创新要求与工作卷入的关系；（3）创造性工作要求通过工作卷入中介作用对员工创造力的间接效应受到了分配公平的正向调节。以上研究结果丰富和拓展了创造性工作要求与员工创造力之间的关系研究，同时对企业人力资源管理工作也具有重要的启示作用。

第7章 创新要求对团队创造力的影响机制研究：团队层次视角

7.1 问题提出

第4、5、6章从个体层次视角探讨了员工工作创新要求感知对其创造力影响的内在机制和边界条件。现有研究主要将工作创新要求视为员工对工作创新要求感知的个体层次变量（Unsworth et al., 2005；Hon, 2013；Shin et al., 2017）。Kim等（2010）认为工作创新要求是组织设定的目标，员工将据此来权衡自己的工作投入程度，应将工作创新要求作为团队层次问题来研究。

面对激烈的市场竞争，提高创造力是企业保持竞争优势的一个重要手段。随着任务依赖性和技术复杂性的不断提高，团队越来越成为企业从事创新活动的基本工作单元（孙锐 等，2008）。团队工作提供了协助组织解决问题、增强员工的组织认同感、发挥员工工作潜能和快速应对环境变化的有效方法。组织越来越多地运用团队工作的方式来完成既定目标，提高组织效能与生产力（Pieterse et al., 2011），提升团队创造力以适应复杂多变的动态环境（Dreu et al., 2011），学者们也越来越重视对团队创造力影响因素的探索和分析（倪旭东 等，2016；张景焕 等，2016；江静 等，2016；Tang, 2017）。如何提升团队创造力已成为理论界和企业界共同关注的热点话题。

已有研究认为较高的目标要求是提高员工绩效的一个有效途径（Latham et al., 2006）。通过确立较高的绩效目标以提升组织绩效已被普遍认为是一项有效的管理措施（陈默 等，2017）。Hon（2013）从团队视角研究了工作创新要求对组织绩效的影响，但目前鲜有研究从团队视角研究工作创新要求对团队创造力的影响，因此，揭示团队工作创新要求影响团队创造力的内在机理，是本章研究中需要解决的基本问题。

目前，团队创新研究主要集中在以下两个方面（刘小禹 等，2011）：（1）组织创新的团队层次分析。即从组织视角来分析团队创新问题，从团队层面研究团队创造力的学者认为，团队创造力的产生虽然离不开个体创造力，但也不是个体创造力的简单加总或加权平均，而是取决于团队整体特有的属性、团队互动过程、作用机制、团队氛围等（Barczak et al.，2010；Somech et al.，2011；刘璇 等，2016）。（2）基于团队过程视角分析团队创新问题。Drazin等（1999）从团队层面对团队创造力展开了研究，认为团队创造力是团队成员共同理解、领略创造力的核心思想，并由此产生复杂的团队互动和协调过程。团队过程是指团队成员根据任务要求进行的互动活动，实现了协调彼此的行动、整合成团队产出的功能（周莹 等，2007）。组织心理学对团队过程的研究除了人际互动方面，还强调了与作业密切关联的部分，即团队成员如何协调个人活动、彼此配合将输入整合成有效的团队输出，以满足任务本身的要求（周莹 等，2007）。团队互动过程对团队绩效产生影响，沟通、协调及团队合作是团队互动过程的关键要素，有效的沟通有利于团队成员之间的协作，有助于提升团队合作效能（葛宝山 等，2012）。团队创造力的产生，离不开团队成员的努力与合作互动，在团队创造过程中，团队需要充分利用成员的知识和技能，挖掘成员的潜力（Pearsall et al.，2008；朱雪春 等，2015）。

与此同时，随着团队情绪过程的研究越来越受到学者们的重视，团队情绪氛围已成为探讨团队有效性过程的崭新视角（刘小禹 等，2011）。团队情绪氛围是团队成员对团队情绪以及团队中情绪交换的共享感知，不仅代表了团队的特征，而且对团队绩效具有重要的影响（Liu et al.，2014），对于帮助理解团队行为与团队状态的内在机制具有重要价值（刘小禹 等，2012），研究工作创新要求与团队创造力的关系有必要将团队情绪氛围与团队知识共享纳入同一框架中展开分析。

7.2 理论与假设

本章针对工作创新要求与团队创造力关系问题，从团队互动过程视角，依据I-P-O模型，研究团队工作创新要求对团队创造力的影响，即团队工作创新要求（Input）通过团队知识共享（Process）影响团队创造力（Output），以及基于社会信息加工理论探讨团队情绪氛围对团队工作创新要求（Input）与团队知识共享（Process）关系的调节作用。

7.2.1 工作创新要求与团队知识共享

工作创新要求是组织工作设计的一部分，鼓励员工完成具有复杂性、自主性和创造力的工作（Gilson et al., 2004），被用于设定组织目标以便员工权衡其对工作的努力程度。当创造力作为团队工作的重要组成部分时，员工通常会采取新的方案或构思出新的想法来完成工作任务（Kim et al., 2010）。

随着市场竞争的加剧，组织为了更好的生存和发展都纷纷制订出具有创造性的工作要求，这些工作要求最终转化为每个工作团队需要完成的工作任务（Locke et al., 2002）。团队工作创新要求体现了组织对团队的创新期待，将影响团队成员对创新行为的认可和接受程度，即创新对组织是有价值并合法的行为，从而促进团队成员更多参与到创新行动中（刘晔 等，2016）。

为了保证团队创新工作有效，需要构建合适的结构和程序以促使成员一起工作（Cohen et al., 1997）。已有研究表明，在团队内部进行信息交换、与任务相关的信息交流有益于团队目标实现（张庆红 等，2016）。成功的工作团队不仅得益于内部不同成员的观点、才能和思想，而且还会通过知识共享来构建团队成员对组织情境的共同理解（Kulik et al., 1987；Gruber, 1995；Hendriks, 1999）。团队知识共享是指团队成员之间共享任务相关的想法、信息和建议（Dong et al., 2017），学者们越来越意识到，团队内部的知识共享对团队工作有效性和团队目标的完成起着基础性作用（Argote et al., 2003）。

工作创新要求传递了组织对创新行为的关注、重视和支持，有助于帮助团队成员理解个体的知识和信息投入对团队目标完成的价值和意义（Dong et al.，2017），进而增强员工在团队中的知识分享意愿（Detert et al.，2007），有助于促进团队成员为团队的创新活动提供建设性建议，分享独特的信息，为实现共同的任务目标作出贡献（Eisenbeiss et al.，2008）。综上分析，工作创新要求对团队知识共享有促进作用。本章假设：

假设1：工作创新要求正向影响团队知识共享。

7.2.2 团队知识共享的中介作用

团队创造力是团队层面所形成的新的、有用的想法集合，不仅仅是单个团队成员的想法集合，而是经过团队成员共同处理信息，充分考虑不同观点后，最终形成的具有创新性的结果（Dong et al.，2017），团队创造力具有超越个人创造力的群体动力优势（张景焕 等，2016）。学者们一致认为团队成员之间的知识交流是团队产生新想法的有效来源（Gong et al.，2013；Zhang et al.，2011）。Tagger（2002）也认为，团队成员有效收集知识并应用于团队任务中，是团队形成高水平创造力的必要条件之一。具体而言，团队成员互相交换信息、共享知识为团队提供了大量的知识、经验和技能储备，有助于通过资源整合完成复杂性或创造性工作。如果团队能够识别创新所需知识并激活成员所拥有的差异性知识，就会达到更高的团队创造力水平；而如果团队成员之间对所拥有的知识和经验分享程度低，团队的认知资源就无法得到充分利用（Griffith et al.，2010）。团队知识共享程度越高越会促进团队决策时对信息的综合考量，团队知识共享是团队创造力形成的必要过程（Gong et al.，2013）。团队知识共享对团队创造力具有促进作用已在研发团队的实证研究中得到证实（Dong et al.，2017）。

结合假设1的观点，本章认为工作创新要求通过促进团队知识共享，进而有助于提升团队创造力水平。本章假设：

假设2：团队知识共享在工作创新要求和团队创造力之间起中介作用。

7.2.3 团队情绪氛围的调节作用

依据社会信息加工理论（Salancik et al.，1978），员工会依据环境信息来调整自己的态度和行为，依据团队有效性启发模型（Cohen et al.，1997），作为团队心理特征变量的团队情绪氛围必然会影响团队输出的有效性。当团队情绪氛围积极时，成员的积极情绪分享会增强团队内部积极和开拓性互动。已有研究表明，团队成员感知到团队积极情绪后有助于提升成员之间合作（Barsade，2002；刘小禹 等，2011），进而对团队的知识共享和团队合作产生影响（路琳 等，2009）。当团队情绪氛围消极时，对团队成员的行为具有抑制作用，使团队成员难以全神贯注于工作本身。已有研究表明，团队消极情绪氛围对团队成员的任务绩效和团队满意度具有负向影响作用（Liu et al.，2014）。

鉴于上述分析，在工作创新要求背景下，团队情绪氛围对团队知识共享具有调节作用。当团队情绪氛围积极时，通过促进团队成员之间的合作和知识共享，能够增强工作创新要求对团队知识共享的正向影响。情境因素中团队情绪氛围在团队工作创新要求与团队知识共享关系中起调节作用。本章假设：

假设3：团队情绪氛围调节工作创新要求与团队知识共享的关系，团队情绪氛围越积极，工作创新要求对团队知识共享的正向影响越强。

根据Edwards等（2007）的理论分析，当自变量通过中介变量影响因变量之间的中介作用受到调节变量的影响时，就存在被调节的中介作用。本章在假设2中提出团队知识共享在工作创新要求和团队创造力之间起中介作用，在假设3中提出团队情绪氛围越积极，工作创新要求对团队知识共享的正向影响越强。根据上述分析，团队情绪氛围对工作创新要求通过团队知识共享影响团队创造力的间接作用影响有差异。具体而言，团队情绪氛围越积极，工作创新要求通过团队知识共享对团队创造力的正向间接效应越强。因此，本章提出以下假设：

假设4：团队情绪氛围调节工作创新要求与团队创造力之间通过团队知识共享中介作用的间接关系，即团队情绪氛围越积极，工作创新要求对团队知识共享的正向作用越强，从而增强工作创新要求对团队创造力的正向作用。

综上分析，本章的理论模型如图7.1所示。

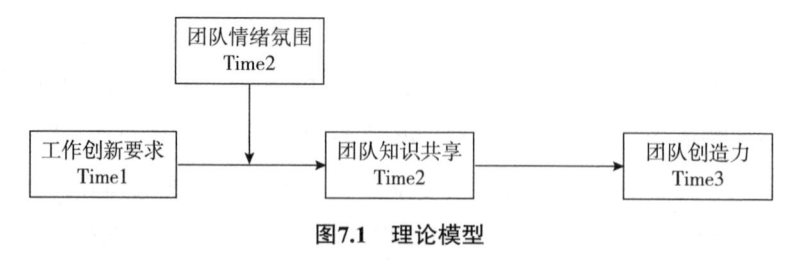

```
                    ┌──────────────┐
                    │  团队情绪氛围 │
                    │    Time2     │
                    └──────┬───────┘
                           │
                           ▼
┌──────────────┐   ┌──────────────┐   ┌──────────────┐
│ 工作创新要求 │──▶│ 团队知识共享 │──▶│  团队创造力  │
│    Time1     │   │    Time2     │   │    Time3     │
└──────────────┘   └──────────────┘   └──────────────┘
```

图7.1　理论模型

7.3　研究设计

7.3.1　研究对象

本章的数据通过问卷调查法获取，问卷采取现场发放、现场回收方式完成。调研时间为2019年5月至2019年12月。调查对象为来自武汉和襄阳的3家先进制造业企业的管理和技术人员，企业涉及光通信和新能源汽车行业。为避免研究结果受共同方法偏差的影响，本章采取Jansen等（2012）建议的配对样本多源时滞数据收集方式，设计员工版、团队主管版和团队直接领导版问卷，从员工、团队主管和团队直接领导三个来源收集数据。图7.1中从Time1、Time2到Time3三个测量时点依次为间隔半个月，其中Time1测量团队主管版问卷中的工作创新要求题项，Time2测量员工版问卷中的团队知识共享和团队情绪氛围题项，Time3测量团队直接领导版问卷中的团队创造力题项。共发放465套问卷，回收剔除无效样本后，最后共计76个团队395套有效匹配问卷，有效回收率为84.95%。

7.3.2　变量测量

除控制变量外，团队创造力采用李克特七级量表，其他量表均采用李克特五级量表，不同等级由5（非常符合）到1（非常不符合）表示。

工作创新要求：采用Gilson等（2004）开发的4题项团队主管自评量表。示例题项如"我的团队所承担的任务需要我们创造性地开展工作""我的团队需要运用新的方式或方法来完成工作"和"为了让我的团队表现优异，我们必须要考虑在工作中运用原创的或新颖的方法"。该测量的克伦巴赫α值为0.87。

团队知识共享：采用He等（2014）开发的4题项员工自评量表。示例题项如"团队成员之间彼此分享工作经验""团队成员之间彼此分享对工作的想法"和"团队成员之间互相提供工作建议"。该测量的克伦巴赫α值为0.93。

团队情绪氛围：采用了Liu等（2008）开发的员工自评量表。该量表共包含 8 个题项，本章采纳了其中3个与情绪直接相关的题项，分值越高代表团队情绪氛围越积极。示例题项如"我们团队中，每个团队成员都乐观和自信""我们团队中，每个成员都朝气蓬勃""我觉得在团队中工作充满着希望"。该精简量表的克伦巴赫α值为0.71（刘小禹和刘军，2012）。

团队创造力：采用Farh等（2010）开发的3题项团队直接领导他评量表。该量表为李克特七级量表，不同等级由7（非常符合）到1（非常不符合）表示。示例题项如"该团队所取得的成果具有创新性""该团队所取得的成果具有原创性和实用性""已取得的成果表明该团队能够创造性地运用信息和资源完成工作"。该测量的克伦巴赫α值为0.85。

控制变量：为避免人口统计特征变量对研究结果的干扰，引入团队平均年龄、团队平均教育程度、团队平均在职年限和团队规模作为控制变量。团队平均年龄以实际年龄表示；教育程度分为高中及以下、大专、本科和研究生及以上四个等级；在职年限以实际工作年限表示，团队规模以团队人数表示。

7.3.3 统计分析方法

本章的理论模型是一个第一阶段被调节的中介效应模型，其中工作创新要求为自变量（X），团队知识共享为中介变量（M），团队情绪氛围为调节变量（W），团队创造力为因变量（Y）。假设检验采用层级回归分析方法，运用Spss22.0、R软件和Mplus7.0等统计分析工具。首先运用R软件分析团队知识共享和团队情绪氛围的聚合效度，其次运用Spss22.0进行描述性统计、相关系数检验以及信度和效度分析，最后运用Mplus7.0检验被调节的中介效应模型的间接效应。

7.4 研究结果

7.4.1 聚合效度分析

通过聚合效度分析，判断将个体的评价聚合到单位层次时，从"低层面"到"高层面"加总的一致性。本章中团队知识共享和团队情绪氛围这两个团队层次变量由个体评价所得，需要对这两个变量聚合到团队层次的可靠性进行检验。采用组内一致性参数$R_{wg(j)}$，组内相关系数ICC（1）和ICC（2）对聚合效度进行检验（罗胜强 等，2014），计算结果如表7.1所示。

表7.1 聚合效度分析结果

变量	均值	ICC（1）	ICC（2）
团队知识共享	0.93	0.53	0.86
团队情绪氛围	0.92	0.75	0.94

$R_{wg(j)}$用于测量组内成员对被测构念有相同反应的程度，表示"变量的真实观测方差"与"理论的随机最大方差"的比例，j表示测量量表包含的题项数目。当测量量表为单一题项时，$R_{wg(j)}$的计算公式为

$$R_{wg(j)} = \frac{\delta_{EU}^2 - \delta_x^2}{\delta_{EU}^2} = 1 - \frac{\delta_x^2}{\delta_{EU}^2}$$

式中，δ_{EU}^2表示随机分布的方差，也就是可能的最大方差；δ_x^2表示实际观测到的评分方差。

当测量量表为多个题项时，$R_{wg(j)}$的计算公式为

$$R_{wg(j)} = \frac{j[1 - \overline{\delta_{xj}^2}/\delta_{EU}^2]}{j\left[1 - \frac{\overline{\delta_{xj}^2}}{\delta_{EU}^2}\right] + \left[\frac{\overline{\delta_{xj}^2}}{\delta_{EU}^2}\right]}$$

ICC（1）是小组成员对同一被评对象进行评分的信度，判断来自不同组的测量是否有足够的组间差异，表示组间方差占总方差的比例，计算公式为

$$\text{ICC}(1) = \frac{\delta_b^2}{\delta_b^2 + \delta_w^2}$$

式中，δ_b^2表示组间方差；δ_w^2表示组内方差。

ICC（2）是群体平均数的信度，表示将个体层次变量聚合为群体变量时，此变量的信度，计算公式为

$$\text{ICC}(2) = \frac{k\text{ICC}(1)}{1+(k-1)\text{ICC}(1)}$$

式中，K表示组均成员数。

依据Lebreton等（2008）建议的判断标准，两个变量的值均大于临界标准0.70，且ICC（1）值均大于临界标准0.10，ICC（2）值均大于临界标准0.70。此外，单因素方差分析（ANOVA）显示团队之间的知识共享存在着显著差异F（75，319）=6.91，p<0.01；团队之间的情绪氛围存在着显著差异F（75，319）=16.33，p<0.01。表明个体层面评价的团队知识共享和团队情绪氛围数据可以加总到团队层面进行处理。

7.4.2 信度和效度分析

管理学研究中，常用"内部一致性信度（internal consistency reliability）"来评估量表内部指标之间的同质性，用Cronbach's α值表示"内部一致性"的信度系数（罗胜强 等，2014）。计算公式如下：

$$\alpha = \frac{n}{n-1}\left(\frac{\sigma_t^2 - \sum_{i=1}^{n}\sigma_i^2}{\sigma_t^2}\right)$$

式中，n表示测量量表所包含的题项数；σ_t^2表示每个评价者的总分之间的方差；σ_i^2表示第i个题项上所有评价者分数的方差。

如表7.2所示，各量表的Cronbach's α值均大于0.7，表明各量表具有良好的内部一致性。同时，所有变量的组合信度（composite reliability，CR）均大于临界标准0.80，平均方差析出量（average variance extracted，AVE）值均大于临界标准0.50，说明各变量具有较好的会聚效度，且如表7.3所示各潜变量的AVE平方根值均大于其与其他变量的相关系数值，说明变量之间有较好的区分效度（Fornell et al.，1981；刘新梅 等，2017）。

表7.2 信度和效度分析

变量	题项	成分 1	成分 2	成分 3	成分 4	Cronbach's α	CR	AVE
工作创新要求	1.我的团队需要有创造力	0.803				0.806	0.875	0.637
	2.我的团队所承担的任务需要我们创造性地开展工作	0.768						
	3.我的团队需要运用新的方式或方法来完成工作	0.811						
	4.为了让我的团队表现优异，我们必须要考虑在工作中运用原创的或新颖的方法	0.808						
团队知识共享	1.团队成员之间彼此分享工作经验		0.733			0.742	0.839	0.566
	2.团队成员之间会应彼此的要求分享专业知识		0.771					
	3.团队成员之间彼此分享对工作的想法		0.755					
	4.团队成员之间互相提供工作建议		0.747					
团队情绪氛围	1.我们团队中，每个团队成员都乐观和自信			0.792		0.734	0.849	0.653
	2.我们团队中，每个团队成员都朝气蓬勃			0.799				
	3.我在团队中工作觉得充满希望			0.833				
团队创造力	1.该团队所取得的成果具有创新性				0.852	0.854	0.911	0.774
	2.该团队所取得的成果具有原创性和实用性				0.924			
	3.已取得的成果表明该团队能够创造性地运用信息和资源完成工作				0.861			

表7.3 描述性统计结果和相关系数矩阵

变量	均值	标准差	1	2	3	4	5	6	7	8
团队平均年龄	31.36	3.55								
团队平均教育程度	3.22	0.39	−0.11							
团队平均在职年限	3.05	1.14	0.71**	−0.09						
团队规模	5.20	1.03	−0.10	0.06	−0.03					
工作创新要求	3.47	0.40	0.17	−0.16	0.11	0.01	(0.80)			
团队情绪氛围	3.75	0.57	−0.24*	0.10	−0.16	−0.08	−0.05	(0.81)		
团队知识共享	3.99	0.47	−0.01	0.12	0.08	−0.07	0.24**	0.59**	(0.75)	
团队创造力	5.07	0.71	0.14	−0.19	0.25*	0.19	0.43**	0.07	0.45**	(0.88)

注：n=395，对角线上括号内为AVE平方根。*p<0.05，**p<0.01（双尾检验）。

6.4.3 描述性统计

变量的均值、标准差和变量间的相关系数如表7.3所示。由相关系数可知，工作创新要求与团队知识共享相关系数显著，$r=0.46$，$p<0.01$；工作创新要求与团队创造力的相关系数显著，$r=0.43$，$p<0.01$；团队知识共享与团队创造力的相关系数显著，$r=0.45$，$p<0.01$。结果显示主要研究变量之间有着显著的相关性，符合理论预期，为验证研究假设提供了初步支持。

6.4.4 假设检验

本章主要采用层级回归并以Spss 22.0和Mplus 7.0为分析工具来验证上述假设，回归分析前首先对自变量、中介变量和调节变量进行中心化处理（方杰，温忠麟和梁东梅，2015），回归分析结果见表7.4。

假设1旨在研究工作创新要求与团队知识共享的关系。表7.4中模型1显示，工作创新要求对团队知识共享有正向影响（$\beta=0.432$，$p<0.01$）。由此假设1成立。

假设2旨在研究团队知识共享在工作创新要求与团队创造力之间的中介作用。本章首先按照Baron等（1986）推荐的中介作用检验步骤检验团队知识共享的中介作用。表7.4中模型1显示，工作创新要求对团队知识共享有正向影响；模型3显示工作创新要求对团队创造力有正向影响（$\beta=0.699$，$p<0.001$）；模型4显示团队知识共享对团队创造力有正向影响（$\beta=0.725$，$p<0.001$）；模型5显示当团队知识共享进入回归方程，工作创新要求对团队创造力的正向影响下降，但仍显著（$\beta=0.445$，$p<0.05$），表明团队知识共享在工作创新要求与团队创造力之间起部分中介作用。由此假设2成立。

为进一步验证中介效应的显著性，本章根据Wang等（2005）的建议运用Bootstrap法检验中介作用的大小。检验结果显示，Bootstrap样本数为1000时，中介作用的效应值为0.20，95%置信区间为［0.043，0.456］，不包含0，结果表明团队知识共享在工作创新要求与团队创造力之间起正向中介作用。上述结果进一步验证了假设2。

表7.4 回归分析结果

变量	团队知识共享			团队创造力	
	模型1	模型2	模型3	模型4	模型5
团队平均年龄	-0.027	-0.010	-0.027	0.001	-0.010
团队平均教育程度	0.221	0.121	0.229	0.446	0.359
团队平均在职年限	0.082	0.095	0.184	0.121	0.135
团队规模	-0.044	0.000	0.131	0.169	0.157
工作创新要求	0.432**	0.509***	0.699***		0.445*
团队情绪氛围		0.620***			
工作创新要求*团队情绪氛围		0.605**			
团队知识共享				0.725***	0.558***
R^2	0.167	0.586	0.283	0.358	0.409
ΔR^2		0.419			0.126
F	2.798*	13.773***	5.523***	7.803***	7.974***

注:表中系数为非标准化系数。*$p<0.05$,**$p<0.01$,***$p<0.001$(双尾检验)。

假设3旨在检验团队情绪氛围对工作创新要求与团队知识共享关系的调节作用，表7.4中模型2显示工作创新要求与团队情绪氛围的交互项系数（$\beta=0.605$，$p<0.01$）显著，由此假设3成立。为进一步检验团队情绪氛围的调节作用效果，对回归线斜率在高团队情绪氛围（均值加一个标准差）和低团队情绪氛围（均值减一个标准差）条件下进行了显著性估计。结果显示，高团队情绪氛围条件下回归线斜率为显著的正值（$\beta=3.123$，$t=4.020$，$p<0.01$），低团队情绪氛围条件下斜率为显著的正值（$\beta=2.433$，$t=4.186$，$p<0.01$），具体调节效应结果如图7.2所示。假设3得到进一步支持。

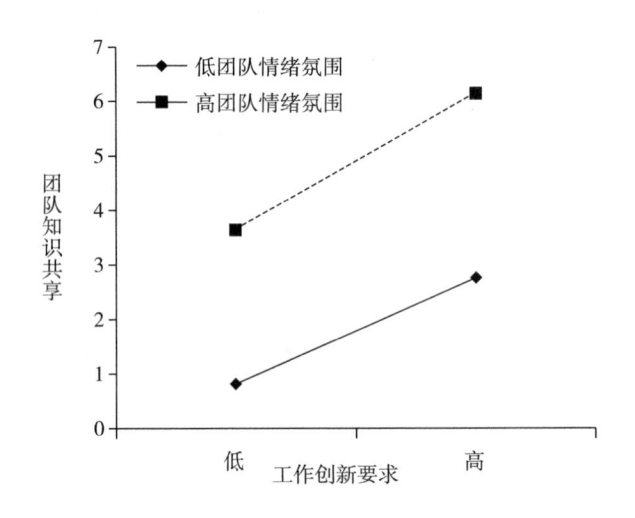

图7.2　团队情绪氛围对工作创新要求与团队知识共享关系的调节效应

假设4预测团队情绪氛围调节工作创新要求与团队创造力之间通过团队知识共享中介作用的间接关系。本章根据单层次第一阶段被调节的中介效应检验方法（陈晓萍 等，2012），以Mplus 7.0为分析工具，检验结果见表7.5。

由表7.5可知，当团队情绪氛围为低水平时，第一阶段直接效应（工作创新要求对团队知识共享的直接效应）不显著，$r=0.170$，95%置信区间为［−0.228，0.557］；当团队情绪氛围为高水平时，第一阶段直接效应显著，$r=0.834$，95%置信区间为［0.501，1.152］；在团队情绪氛围高、低两种条件下第一阶段直接效应的差异显著，$r=0.666$，95%置信区间为［0.130，1.182］。上述结果进一步支持了本章的假设3。

表7.5 第一阶段被调节的中介作用Bootstrap检验结果

调节变量		阶段		效应	
		第一阶段	第二阶段	直接效应	间接效应
高团队情绪氛围（+1s.d.）	效应值	0.834	0.746	-0.109	0.705
	置信区间	[0.501, 1.152]	[0.195, 1.269]	[-0.768, 0.623]	[0.295, 1.290]
低团队情绪氛围（-1s.d.）	效应值	0.170	0.944	0.699	0.143
	置信区间	[-0.228, 0.557]	[0.537, 1.266]	[0.279, 1.020]	[-0.155, 0.569]
差异	效应值	0.666	-0.198	-0.808	0.562
	置信区间	[0.130, 1.182]	[-0.599, 0.229]	[-1.548, 0.348]	[0.102, 1.264]

注：表中系数为非标准化系数，Bootstrap样本数为1000。

由表7.5还可知，团队情绪氛围调节团队知识共享在工作创新要求与团队创造力之间的中介作用。在高团队情绪氛围和低团队情绪氛围情境下，工作创新要求对团队创造力的直接效应差异不显著；而工作创新要求通过团队知识共享这一中介变量对团队创造力的间接效应在不同程度的团队情绪氛围情境下的差异显著。具体而言，在高团队情绪氛围情境下，工作创新要求通过团队知识共享影响团队创造力的作用显著，$r=0.705$，95%置信区间为［0.295，1.290］；而在低团队情绪氛围情境下，间接效应不显著，$r=0.143$，95%置信区间为［-0.155，0.569］，两种团队情绪氛围高、低两种条件下的中介作用差异显著，$r=0.562$，95%置信区间为［0.102，1.264］。由此，假设4得到验证。

7.5 结果讨论

7.5.1 理论意义

首先，本章基于I-P-O模型，结合社会信息加工理论从团队过程视角揭示了工作创新要求影响团队创造力的内在机制，丰富了团队创造力的影响机理研究视角。Anderson等（2014）从理论研究视角将团队过程归纳为影响团队创造力的主要因素之一，认为团队过程是团队成员之间相互依存，将团队输入转化为输出的过程（沙开庆 等，2015），但鲜有实证研究从团队过程视角探讨前因变量对团队创造力的影响机理。团队过程对工作创新要求与团队创造力关系的作用效果尚未得到充分的理论论证和实证检验，因此，本章弥补了团队过程作为工作创新要求与团队创造力关系的中介变量的研究不足，同时，也启发未来更多基于团队过程对团队创造力的研究和探究。

其次，本章的研究结果显示，团队知识共享在工作创新要求与团队创造力之间起中介作用，凸显出团队过程在工作创新要求背景下对团队创造力有着重要作用，发展了对团队知识共享过程的认识。在团队工作中由于工作任务的需要，随着合作增多员工之间的互动频次，知识共享已成为团队工作中常见的人际互动过程。研究结果证实了知识共享在促进创新中发挥着重要作用

(Witherspoon et al., 2013), 知识共享是形成团队创造力的重要中介路径, 为从知识共享视角研究创造力的形成提供了新的思路。

第三, 本章为团队层次的情绪研究提供了新的证据, 进一步拓展了组织情绪的研究领域。近年来, 组织中的情绪研究受到学者们的广泛关注, 为组织行为学界带来一场"情感风暴"(刘小禹 等, 2011), 而国内对组织情绪的相关研究仍比较滞后。尽管对于团队知识共享的理论和实证研究日益丰富, 但仍缺少从团队情绪视角来考察如何提升团队知识共享水平。本章证实团队情绪氛围在工作创新要求与团队知识共享之间起正向调节作用, 从团队情绪氛围的视角为理解团队知识共享提供了一个崭新的视角, 丰富了团队知识共享的理论研究。

7.5.2 管理启示

首先, 湖北省先进制造业企业应为工作创新要求创设情境。过往研究将创新行为视为员工自发的角色外行为, 而将创新要求纳入员工的工作要求亦为组织的可持续创新发展提供了可能(Shin et al., 2017)。但工作创新要求需要在合适的情境下, 才能有效促进创造力。已有研究发现员工必须感知到工作创新要求的重要性并产生心理认同后, 才会增强将要求付诸行动的意愿, 同时员工对组织的分配公平感对其心理认同具有促进作用(马迎霜 等, 2018)。因此, 在管理实践中, 管理者需要意识到激励员工从事创新活动不仅仅是将创新纳入其工作职责, 还应为员工提供创新所必需的资源要素, 激发其从事创新性工作的意愿。

其次, 重视有效知识共享的前提条件, 知识共享活动的有效实施需要有赖于团队成员的有效支持和密切配合(Jiang et al., 2015)。团队内部需要知识共享的主要原因在于团队成员所掌握的知识具有异质性, 个体由于在学习经历、认知能力和努力程度等方面的差异, 直接表现为所具有的知识在广度和深度上存在差异。在管理实践中为提升知识共享水平, 一方面应增强团队成员的知识共享意愿, 通过构建团队绩效考核体系, 使团队成员充分认识到个体绩效依赖于团队绩效, 团队绩效的完成需要成员之间互相配合与协作, 贡献自己的知识和技能；另一方面为团队知识共享提供机会和平台，通过组织团队活动和建立定期交流机制，为团队成员知识交流创造机会，增进成员之间的深入了解和沟通，为团队知识共享水平提升提供保障。

第三，为团队营造积极情绪氛围。良好的组织氛围有助于增强员工的工作满意度，提升工作意愿。团队领导应关注团队的情绪氛围，重视员工对组织的情感诉求。在管理实践中首先应弘扬积极向上的组织氛围，构建赏罚分明的公平绩效考核体系，建立和谐共处的人际关系，关心员工的成长和发展，增强员工的使命感和归属感；其次加强对团队领导的情绪管理，努力构建积极情绪氛围，团队领导的积极情绪传导有助于鼓舞士气、提升团队成员的工作热情，有助于构建积极的团队情绪氛围；再次加强对团队积极情绪氛围的维护管理，团队领导应关注团队情绪氛围的变化，当团队情绪氛围由积极转变为消极时，应及时采取措施降低消极情绪氛围对团队绩效的不利影响，努力将情绪氛围由消极扭转为积极。

7.5.3 局限与展望

本章基于I-P-O模型提出了研究团队创造力的理论视角，但仍有待于后续研究进一步改进和完善存在的不足之处。首先，从团队过程视角仅考虑了团队知识共享在工作创新要求与团队创造力之间的中介作用，并没有完整地刻画工作创新要求对团队创造力的作用机制，后续研究可以从不同的团队过程来探索其作用机制；其次，本章研究中团队情绪氛围对工作创新要求与团队创造力之间直接关系的调节作用并不显著，只有第一阶段调节和第一阶段被调节的中介效应显著，并没有完整地揭示工作创新要求影响团队创造力的边界条件，后续研究可以进一步基于I-P-O模型深入探讨影响工作创新要求与团队创造力直接效应和间接效应的边界条件。

7.6 本章小结

本章基于I-P-O模型和社会信息加工理论，通过来自3家企业76个团队的

395对上下级匹配数据，采用层级回归、Bootstrap法中介效应检验及第一阶段被调节的中介效应检验方法考察了工作创新要求与团队创造力的关系，进一步补充了"工作创新要求与创造力"关系的内容。研究结果主要包括：（1）团队知识共享正向中介工作创新要求与团队创造力的关系；（2）团队情绪氛围正向调节工作创新要求与团队知识共享的关系；（3）工作创新要求通过团队知识共享的中介作用对团队创造力的间接效应受到团队情绪氛围的正向调节。以上研究结果丰富和拓展了工作创新要求与创造力之间的关系研究，同时对组织人力资源管理工作具有重要的理论启示和实践指导作用。

第8章 结论与展望

在人们适应复杂和动态变化的环境中,创造力起着至关重要的作用,是组织获取竞争优势的重要源泉。如何使员工和团队将外在的工作创新要求内化,激发员工和团队创造性开展工作,已成为当前企业人力资源管理实践的重要课题。在湖北打造先进制造业新高地背景下,研究工作创新要求与创造力的关系具有重要的理论价值和实践意义。本书聚焦于企业中的工作团队,系统探讨工作创新要求对员工和团队创造力影响的作内在机制和边界条件。采用四个实证研究从个体层次和团队层次视角研究上述问题,得到了一些具有理论价值和实践意义的研究结论,拓展了工作创新要求领域的理论研究,同时也引发出一些新的问题,有待于在后续研究中进一步深入探讨和解决。

8.1 研究结论

本书围绕在湖北先进制造业企业中"创新要求是否影响创造力以及工作创新要求如何能够内化为创造力"这两个问题展开理论分析和实证研究,得出如下结论。

(1)在湖北先进制造业企业中,创新要求对创造力具有正向影响作用。本书的四个实证分析均证实了工作创新要求正向影响创造力,揭示了工作创新要求是催生创造力的积极因素之一,研究结果支持了已有研究中工作创新要求对创造力具有积极影响的研究结论。研究结果未出现工作创新要求对创造力具有抑制作用的主要原因在于,在我国高背景文化社会情境中,存在着员工遵从组织期望来规范自己行为的普遍现象。因此,企业在管理实践中需要充分意识到创造力期望传达的重要性，通过采用双向反馈等沟通策略，确保团队及团队成员能够准确理解组织的工作创新要求。

（2）过程视角是研究创新要求与创造力关系内在机制的重要路径。创造进程参与是员工投入到与创造力相关的认知过程，团队知识共享是团队成员之间交换知识并创造新知识的过程，本书的实证分析证实了在个体层面上，创新进程参与中介工作创新要求与员工创造力的关系；在团队层次上，团队知识共享中介工作创新要求与团队创造力的关系。研究结果表明，与创造相关的过程参与与投入是团队及团队成员在工作创新要求情境下，做到"知行合一"的重要内在机制。本书从过程视角揭示了工作创新要求对创造力影响机制，有助于丰富工作创新要求与创造力关系的理论研究。

（3）压力评估调节创新要求与创造进程参与的关系，并调节工作创新要求通过创造进程参与对员工创造力的间接效应。本书证实了挑战性压力评估正向调节工作创新要求与创造进程参与的关系，阻断性压力评估负向调节工作创新要求与创造进程参与的关系；挑战性压力评估正向调节工作创新要求通过创造进程参与的中介作用对员工创造力的间接效应，阻断性压力评估负向调节工作创新要求通过创造进程参与的中介作用对员工创造力的间接效应。研究结果表明，挑战性压力评估所蕴含的积极信息与阻断性压力评估所蕴含的消极信息，在工作创新要求与员工创造力关系中起着相反的作用。因此，企业在管理实践中有必要通过提升员工对工作创新要求的任务意义感知，缓解其对工作创新要求的阻断性压力评估，引导员工以积极的心态应对工作创新要求。

（4）团队情绪氛围调节创新要求与团队知识共享的关系，并调节工作创新要求通过团队知识共享的中介作用对团队创造力的间接效应。本书证实了团队情绪氛围正向调节工作创新要求与团队知识共享的关系，以及团队情绪氛围正向调节工作创新要求通过团队知识共享的中介作用对团队创造力的间接效应。研究结果表明，团队情绪氛围作为群体的心理特征对团队的有效性产生影响，积极情绪氛围能够有效促进团队内部的沟通和合作，对团队知识共享和团队创造力具有积极作用。因此，企业在管理实践中有必要对团队中团队成员的情感需求以及团队成员之间的情绪关系给予更多的关注，努力建设和谐、积极的团队情绪氛围，从而为创造力的产生营造积极的情绪氛围。

（5）团队知识共享跨层次调节创造进程参与与员工创造力的关系，并跨层次调节工作创新要求通过创造进程参与的中介作用对员工创造力的间接效应。本书证实了团队知识共享跨层次正向调节创造进程参与与员工创造力的关系，以及团队知识共享跨层次正向调节工作创新要求通过创造进程参与的中介作用对员工创造力的间接效应。研究结果表明，知识分享可以激发员工为解决问题探索新的方法和策略，对员工创造力的产生具有促进作用。因此，企业在管理实践中有必要为团队成员在创造过程中提供知识共享的机会、营造知识共享的氛围，搭建知识分享的平台，使员工感知到团队知识共享的价值性和重要性，充分挖掘团队成员内在的认知能力和专业技能。

8.2 理论贡献与管理启示

8.2.1 理论贡献

本书基于期望效应和I-P-O模型，整合压力认知交互作用理论和社会信息加工理论，构建创新要求影响个体和团队创造力作用机制模型。本研究的理论贡献主要有以下四个方面。

（1）构建创新要求与创造力关系研究的理论分析框架。Tierney等（2004）基于期望效应构建链式中介效应模型研究领导创新期望对员工创造力的影响，揭示了期望效应实现的内在逻辑过程，但未能充分考虑个体和组织因素对内在逻辑过程的影响。期望效应在创造力领域的研究主要聚焦期望实现的过程，未充分考虑影响期望实现过程的边界条件。由此可见，仅仅基于期望效应理论难以充分揭示工作创新要求影响创造力的内在机制。本书整合期望效应、I-P-O模型、压力认知交互作用理论和社会信息加工理论于同一分析框架中，研究工作创新要求对创造力的影响机制，不仅考虑工作创新要求内化为创造力的过程，还考虑情境因素对内化过程的影响，弥补了现有工作创新要求与创造力关系理论研究的不足。

（2）整合创新要求理论与创造力理论，构建工作创新要求影响创造力的多层次模型。由第二章中的文献综述可知，虽然学者们已从多个理论视角研究创造力的形成机理，但创造力形成机制的黑箱仍未完全打开。此外，目前学者们仅从个体层次研究了工作创新要求对创造力影响的中介机制和边界条件。本书将工作创新要求与创造力的关系研究从个体层面拓展到团队层面，构建理论模型从个体层次、团队层次视角研究二者之间的关系，为工作创新要求与创造力的关系研究提供了新的研究思路。

（3）基于期望效应从个体层次研究创新要求与员工创造力的关系，补充和发展了期望效应理论。以往有关期望效应的研究主要关注期望的结果，而很少关注结果产生的过程。本书专注于期望结果产生的过程研究，研究结果验证了创造进程参与是工作创新要求正向影响员工创造力的重要内在机制，揭示了问题识别、信息搜寻和编码、创意形成是工作创新要求期望达成的重要过程，研究发现创新期待的实现不仅要关注结果更要关注结果产生的过程。本书拓展了期望效应在组织行为学领域的研究，进一步补充和发展了期望效应理论。

（4）基于I-P-O模型，从团队过程视角揭示了创新要求影响团队创造力的内在机制。以往研究表明，在团队内部进行信息交换、与任务相关的信息交流有益于团队目标实现，但团队过程对工作创新要求与团队创造力关系的作用效果尚未得到充分的理论论证和实证检验。本书聚焦团队知识共享这一团队互动过程，探讨其在团队创新期待实现中的作用，研究发现团队知识共享正向中介工作创新要求与团队创造力的关系。本书启发未来更多基于团队过程视角探究团队创造力的形成机制，为工作创新要求与团队创造力的关系研究提供了新的研究视角。

8.2.2 管理启示

在创新驱动发展的时代背景下，如何使组织创新期待成为现实，如何通过创新要求提升创造力，已成为企业管理者亟待解决的关键问题。本书结果为湖北先进制造业企业的管理者通过创新要求提升团队和个体创造力提供了重要的启示。

（1）将创新纳入工作要求有助于提升创造力水平。本书证实了创新要求对创造力有正向影响作用，创新要求是创造力的重要前因变量之一。虽然学术界将创造力界定为角色内行为，但缺乏目标指引和方向性的创新行为可能是无序的，创新结果的适用性和价值性可能会大大降低。将创新纳入工作要求传递了组织对创新的期待，组织的创新期待为团队和个体设定了行动目标，指明了努力方向，使创新活动能够聚焦于特定领域，进而有助于提升创新结果的适用性和价值性。华为在管理实践中不断赋予组织发展新愿景，用组织愿景和使命激发个人工作动机，将组织成长与员工发展机会相联结，鼓舞员工挑战自我的更高追求，激发组织与员工积极创造的精神动力和持续创造的责任感。

（2）创新期望的实现有赖于期望的有效传达。以往研究将创新行为视为员工自发的角色外行为，而本书将创新纳入员工的工作要求亦为组织的可持续创新发展提供了可能，并实证研究验证了工作创新要求对创造力具有积极影响作用，是创造力研究的前因变量之一。在管理实践中，管理者需要意识到要求员工从事创新活动不仅仅是将创新要求纳入其工作职责，为创新提供所需的资源；还应认识到创造力期望传达的重要性，通过采用双向反馈等沟通策略，确保员工能够准确理解组织的创造力期望，增强其从事创新活动的意愿。

（3）重视创新要求内化为创造力的过程管理。本书实证研究发现员工参与到创造过程中以及团队成员之间的知识共享有助于工作创新要求内化为个体和团队创造力。在管理实践中，管理者应认识到要求员工从事创新活动不仅仅是将创新纳入其工作职责，作为其必须要完成的工作任务，而需要引导员工积极投身于创造过程中。管理者应增强员工参与到创造过程的任务意义感，在创新过程中给予员工充足的时间和自由，以帮助其建立从事创新活动的信心，为问题识别、信息搜索和编码提供支持，为知识共享搭建平台，为产生新的和有用的想法创设条件，从而为工作创新要求的目标实现奠定基础。华为在管理实践中通过优化和完善价值创造与分享机制，能够让更多、更优秀的内外部人才参与到公司价值创造中来，让各类人才更愿意、更好地创造更大价值。

（4）关注员工对创新要求的压力评估。本书通过实证发现，员工对工作创新要求压力评估的差异化影响工作创新要求与员工创造力的关系，挑战性压力评估对员工创造力具有促进作用，而阻断性压力评估对员工创造力具有抑制作用。因此，在管理实践中应关注员工对工作创新要求的压力评估，一方面组织应为员工创设具有挑战性的创新要求，提升员工对工作创新要求的任务意义感知，增强对工作创新要求的挑战性压力评估，缓解对工作创新要求的阻断性压力评估。另一方面，"成长思维模式"员工通常将工作创新要求评估为具有挑战性压力，而"固定思维模式"员工通常将工作创新要求评估为具有阻断性压力，管理者应通过教育和引导改变员工的思维模式，努力使员工形成"成长思维模式"，以积极的心态去面对企业所设定的工作创新要求。

（5）为团队创新营造积极情绪氛围。团队情绪氛围对团队知识共享程度和团队创造力的产生至关重要，积极向上、和谐共处、关爱互助、共同成长的积极组织氛围有助于团队成员互相协作。本书实证研究表明积极的团队情绪氛围有助于提升团队成员的知识共享水平进而对团队创造力具有促进作用。管理者应重视团队中的情绪氛围管理，关注团队中成员的情感需求及团队成员之间的情绪关系。主动建设积极的团队情绪氛围，通过营造积极的团队氛围和谐人际关系，鼓舞团队士气，提升员工的工作热情。当觉察到团队的情绪氛围由积极转化为消极时，应及时采取措施应对消极情绪氛围，减轻其对团队成员的消极影响，努力维护有助于团队创新的积极和谐情绪氛围。

8.3 研究局限与展望

8.3.1 研究局限

尽管本书在模型构建、研究设计、数据采集等方面力求做到科学严谨以提升研究结论的可靠性，但由于资源、时间和方法等因素的限制，本书仍存在一些缺陷和不足，主要表现在以下三个方面。

（1）研究内容的局限性。本书从过程视角探讨创新要求与创造力的关系，探讨的中介变量非常有限，仅研究了个体层面的创造进程参与和团队层面的团队知识共享两个变量，没有涉及客观存在的团队冲突、团队学习等团队过程变量。此外，工作创新要求与创造力关系的调节变量中，仅探讨了个体层面的压力评估、团队层面的团队知识共享和团队情绪氛围三个变量，没有涉及影响个体创造力的个体特征和领导行为等因素，以及影响团队创造力的团队领导行为和团队组成等因素。在研究内容上，本书没有能够从多视角结合多因素全面剖析工作创新要求影响创造力的内在机制和边界条件。

（2）研究设计的局限性。本书中的四个实证研究为避免研究结果受共同方法偏差的影响，样本数据采集均采用上下级配对样本多源时滞数据收集方式，从员工和其领导多个来源收集数据，以增强研究结果的可信度，但研究中未能有效判断研究变量的发展变化趋势，未来的研究设计中可以选择纵向研究方法，深入探究创造力水平在工作创新要求作用下的发展变化趋势。此外，为避免研究中变量间的相互关系受到一些干扰因素的影响，控制了性别、年龄、学历和司龄等人口学变量，但仍可能有个体、团队或组织层面的因素对结论的稳健性产生影响，未来的研究设计中需要更为全面和准确地控制对研究结论有影响的个体、团队或组织因素。

（3）研究样本的局限性。由于创新要求和创造力两个变量均受到行业特征和工作性质的影响，如果取样时能够聚焦于同行业内同等规模企业中任务性质类似的团队，将会增强统计效力以及结论的可靠性。由于受到样本需要量大和先进制造业企业行业分散的客观限制，本书为方便取样，主要选择了同意配合实证研究的湖北先进制造业企业的不同规模的企业进行调研，没有对行业和企业规模进行严格筛选，研究结论的普适性有待于进一步验证。

8.3.2 研究展望

本书从过程视角揭示了工作创新要求对创造力影响的内在机制和边界条件，未来还可以从以下五个方面拓展工作创新要求与创造力的关系研究。

（1）拓展创新要求影响创造力的内在机理研究。本书的内在机理研究主要基于过程视角，但未能涵盖所有的过程变量。未来的研究一方面可以从员工心理计量过程、团队学习和团队冲突等过程视角探索工作创新要求影响创造力的内在机理，进一步拓展本研究的研究结论，或通过构建链式中介模型进一步细化工作创新要求影响创造力的内在机理；另一方面可以从工作不安全感、工作压力等心理状态视角发展新的模型来解释工作创新要求影响创造力的内在机理。

（2）探讨文化因素对创新要求与创造力关系的调节效应。虽然本书强调在中国本土文化情境中研究工作创新要求与创造力的关系具有高背景文化特征，但尚未涉及到具体的文化因素对二者关系的影响研究。西方研究中工作创新要求与创造力的关系存在不一致的结论，在中国本土研究中尚未发现，可以推断出文化因素可能对二者关系具有调节作用。未来的研究中可以选择从不同的文化背景中取样，考虑高背景文化或低背景文化、集体主义或个人主义和权力距离等文化因素对工作创新要求与创造力的关系调节效应，有助于从新的研究视角解释过往不一致的研究结论。

（3）挖掘影响创新要求与创造力关系的个体、团队和组织因素。工作创造要求对创造力有着复杂的内在机制，个体和团队创造力受个体特质、团队和组织等多重因素的影响。虽然本书中考虑了个体对工作创造要求的压力评估、团队的知识共享水平和团队的情绪氛围，但所涉及的因素并不全面。比如个体的心理弹性会对压力反应产生影响（马迎霜 等，2018）。调节焦点理论（Higgins，1997）也指出，个体在追求期望的过程中，存在着促进型调节焦点和防御型调节焦点两种不同的自我调节倾向，进而对行为和结果产生差异化影响。因此，未来的研究中需要系统探讨对工作创新要求与创造力二者关系产生影响的多种因素，在实证研究中将这些因素作为控制变量或调节变量加以研究，进一步拓展工作创新要求与创造力关系的影响因素研究。

（4）探索创新要求对不同类型创造力的影响效应。随着对创造力的研究深入，学者们进一步将创造力区分为渐进性创造力和突破性创造力两种类型，在这两种类型创造力中企业更加关注于如何产生突破性创造力。在当前我国的创新实践中，渐进性创新有余，而突破性创新不足已成为创新管理中亟待解决的关键问题。未来的研究中，应结合企业创新管理中的实际问题，探讨和丰富工作创新要求对不同类型创造力的影响机理研究。

（5）将创新要求对创造力的研究拓展到组织层次。根据创造力的概念界定，创造力可以区分为个体、团队和组织三个层次。本书仅考察了工作创新要求对个体和团队层面的创造力影响，未来的研究可以考虑将对创造力的研究拓展到组织层次，从多层面揭示工作创新要求影响创造力的内在机理，以及在工作创新要求作用下个体创造力、团队创造力和组织创造力之间的内在逻辑关系，进一步加深对工作创新要求与创造力关系的认识和理解，为企业的创新管理实践提供更有价值的建议。

参考文献

[1] Açıkgöz A, Günsel A. Individual creativity and team climate in software development projects: The mediating role of team decision processes[J]. Creativity and Innovation Management, 2016, 25(4): 445-463.

[2] Akkermans J, Tims M. Crafting your career: How career competencies relate to career success via job crafting[J]. AppliedPsychology, 2017, 66(1): 168-195.

[3] Amabile T M, Barsade S G, Mueller J S, et al. Affect and creativity at work[J]. Administrative Science Quarterly, 2005, 50(3): 367-403.

[4] Amabile T M, Conti R, Coon H, et al. Assessing the work environment for creativity[J]. Academy of Management Journal, 1996, 39(5): 1154-1184.

[5] Amabile T M, Conti R. Changes in the work environment for creativity during downsizing[J]. Academy of Management Journal, 1999, 42(6): 630-640.

[6] Amabile T M, Gryskiewicz N D. The creative environment scales: Work environment inventory[J]. Creativity Research Journal, 1989, 2(4): 231-253.

[7] Amabile T M. A model of creativity and innovation in organizations[J]. Research in Organizational Behavior, 1988, 10(10): 123-167.

[8] Amabile T M. The Social Psychology of Creativity[M]. New York: Springer, 1983.

[9] Anderson N, Potocnik K, Zhou J. Innovation and creativity in organizations: A state-of-the-science review and prospective commentary[J]. Journal of Management, 2014, 40(5): 1297-1333.

[10] Argote L, Mcevily B, Reagans R. Introduction to the special issue on managing knowledge in organizations: creating, retaining, and transferring knowledge[J]. Management Science, 2003, 49(4): 553-570.

[11] Arsenio W F, Adams E, Gold J. Social information processing, moral reasoning, and emotion attributions: Relations with adolescents' reactive and proactive aggression[J]. Child Development, 2009, 80(6): 1739-1755.

[12] Arsenio W F, Lemerise E A. Aggression and moral development: integrating social information processing and moral domain models[J]. Child Development, 2004, 75(4): 987-1002.

[13] Ashton D. Creative work and higher education: Industry, identity, passion, and precarity[J]. Psychotherapeut, 2011, 41(2): 88-94.

[14] Baer M. The strength-of-weak-ties perspective on creativity: A comprehensive examination and extension[J]. Journal of Applied Psychology, 2010, 95(3): 592-601.

[15] Baker W. Achieving Success Through Social Capital[M]. San Francisco, CA: Jossey-Bass, 2000.

[16] Barczak G, Lassk F, Mulki J. Antecedents of team creativity: An examination of team emotional intelligence, team trust and collaborative culture[J]. Creativity and Innovation Management, 2010, 19(4): 332-345.

[17] Baron R M, Kenny D A. The moderator-mediator variable distinction in social psychological research: conceptual, strategic, and statistical considerations[J]. Journal of Personality and Social Psychology, 1986, 51(6): 1173-1182.

[18] Barsade S G. The ripple effect: Emotional contagion and its influence on group behavior[J]. Administrative Science Quarterly, 2002, 47(4): 644-675.

[19] Bartol K M, Srivastava A. Encouraging knowledge sharing: The role of organizational reward systems[J]. Journal of Leadership and Organizational Studies, 2002, 9(1): 64-76.

[20] Basadur M S. Leading others to think innovatively together: Creative leadership[J]. Leadership Quarterly, 2004, 15(1): 103-121.

[21] Basadur M, Gelade G A. The role of knowledge management in the innovation process[J]. Creativity and Innovation Management, 2006, 15(1): 45-62.

[22] Bauer D J, Curran P J. Probing interactions in fixed and multilevel regression: Inferential and graphical techniques[J]. Multivariate Behavioral Research, 2005, 40(3): 373-400.

[23] Bauer D J, Preacher K J, Gil K M. Conceptualizing and testing random indirect effects and moderated mediation in multilevel models: New procedures and recommendations[J]. Psychological Methods, 2006, 11(2): 142-163.

[24] Baumeister R F, Bratslavsky E, Finkenauer C, et al. Bad is stronger than good[J]. Review of General Psychology, 2001, 5(4): 477-509.

[25] Binnewies C, Wörnlein S C. What makes a creative day? A diary study on the interplay between affect, job stressors, and job control[J]. Journal of Organizational Behavior, 2011, 32(4): 589-607.

[26] Bjorkman H. Design dialogue groups as a source of innovation: Factors behind group creativity[J]. Creativity and Innovation Management, 2010, 13(2): 97-108.

[27] Bowen K N, Roberts J J, Kocian E J, et al. An empirical test of social information processing theory and emotions in violent situations[J]. Western Criminology Review, 2014, 15(1): 18-33.

[28] Bresman H. External learning activities and team performance: A multimethod field study[J]. Organization Science, 2010, 21(1): 81-96.

[29] Byron K, Khazanchi S, Nazarian D. The relationship between stressors and creativity: A meta-analysis examining competing theoretical models[J]. Journal of Applied Psychology, 2010, 95(1): 201-212.

[30] Carmeli A, Gelbard R, Reiter-Palmon R. Leadership, creative problem-

solving capacity, and creative performance: The importance of knowledge sharing[J]. Human Resource Management, 2013, 52(1): 95-121.

[31] Carmeli A, Paulus P B. CEO ideational facilitation leadership and team creativity: The mediating role of knowledge sharing[J]. Journal of Creative Behavior, 2014, 49(1): 53-75.

[32] Carver C S, Scheier M F, Weintraub J K. Assessing coping strategies: A theoretically based approach[J]. Journal of Personality and Social Psychology, 1989, 56(2): 267-283.

[33] Cavanaugh M A, Boswell W R, Roehling M V, et al. An empirical examination of self-reported work stress among U.S. managers[J]. Journal of Applied Psychology, 2000, 85(1): 65-74.

[34] Ceci M W, Kumar V K. A correlational study of creativity, happiness, motivation, and stress from creative pursuits[J]. Journal of Happiness Studies, 2016, 17(2): 609-626.

[35] Cerne M, Nerstad C, Dysvik A, et al. What goes around comes around: Knowledge hiding, perceived motivational climate, and creativity[J]. Social Science Electronic Publishing, 2014, 57(1): 172-192.

[36] Chae S W, Seo Y W, Lee K C. Task difficulty and team diversity on team creativity: Multi-agent simulation approach[J]. Computers in Human Behavior, 2015, 42(6): 83-92.

[37] Choi S Y, Lee H, Yoo Y. The impact of information technology and transactive memory systems on knowledge sharing, application, and team performance: A field study[J]. Mis Quarterly, 2010, 34(4): 855-870.

[38] Christiane S, Caroline V K. Implicit theories of creativity: The conceptions of politicians, scientists, artists and school teachers[J]. High Ability Studies, 1998, 9(1): 43-58.

[39] Cohen J, Cohen P, West S, et al. Applied Multiple Regression/Correlation Analysis for the Behavioral Sciences (3rd ed.)[M]. Mahwah, NJ: Erlbaum.

2003.

[40] Cohen S G, Bailey D E. What makes teams work: Group effectiveness research from the shop floor to the executive suite [J]. Journal of Management, 1997, 23(3): 239-290.

[41] Compton R J, Wirtz D, Pajoumand G, et al. Association between positive affect and attentional shifting [J]. Cognitive Therapy and Research, 2004, 28 (6): 733-744.

[42] Connelly C E, Kelloway E K. Predictors of employees' perceptions of knowledge sharing cultures [J]. Leadership and Organization Development Journal, 2003, 24(5): 294-301.

[43] Crawford E R, Lepine J A, Rich B L. Linking job demands and resources to employee engagement and burnout: A theoretical extension and meta-analytic test [J]. Journal of Applied Psychology, 2010, 95(5): 834-848.

[44] Crick N R, Dodge K A. A review and reformulation of social information-processing mechanisms in children's social adjustment [J]. Psychological Bulletin, 1994, 115(1): 74-101.

[45] Deci E L, Koestner R, Ryan R M. A meta-analytic review of experiments examining the effects of extrinsic rewards on intrinsic motivation [J]. Psychological Bulletin, 1999, 125(6): 627-668.

[46] Deci E L. Intrinsic Motivation and Self-Determination [J]. Encyclopedia of Applied Psychology, 2004, 3(2): 437-448.

[47] Deci E L. The effects of externally mediated rewards on intrinsic motivation [J]. Journal of Personality and Social Psychology, 1971, 18(1): 105-115.

[48] Demerouti E, Bakker A B, Nachreiner F, et al. The job demands-resources model of burnout [J]. Journal of Applied Psychology, 2001, 86(3): 499-512.

[49] Deng L, Wang L, Zhao Y. How creativity was affected by environmental factors and individual characteristics: A cross-cultural comparison perspective [J]. Creativity Research Journal, 2016, 28(3): 357-366.

[50] Detert J R, Burris E R. Leadership behavior and employee voice: Is the door really open? [J]. Academy of Management Journal, 2007, 50(4): 869-884.

[51] Dodge K A, Rabiner D L. Returning to roots: On social information processing and moral development [J]. Child Development, 2004, 75(4): 1003-1008.

[52] Dong Y, Bartol K M, Zhang Z X, et al. Enhancing employee creativity via individual skill development and team knowledge sharing: Influences of dual-focused transformational leadership [J]. Journal of Organizational Behavior, 2017, 38(3): 439-458.

[53] Drazin R, Glynn M A, Kazanjian R K. Multilevel theorizing about creativity in organizations: A sensemaking perspective [J]. Academy of Management Review, 1999, 24(2): 286-307.

[54] Dreu C K W D, Nijstad B A. Group creativity and innovation: A motivated information processing perspective [J]. Annalen Der Physik, 2011, 525(5): 81-89.

[55] Du Y, Zhang L, Chen Y. From creative process engagement to performance: Bidirectional support [J]. Leadership and Organization Development Journal, 2016, 37(7): 966-982.

[56] Duan J, Li C, Xu Y, et al. Transformational leadership and employee voice behavior: A Pygmalion mechanism [J]. Journal of Organizational Behavior, 2017, 38(5): 650-670.

[57] Eden D, Geller D, Gewirtz A, et al. Implanting Pygmalion leadership style through workshop training: Seven field experiments [J]. Leadership Quarterly, 2000, 11(2): 171-210.

[58] Eden D. Leadership and expectations: Pygmalion effects and other self-fulfilling prophecies in organizations [J]. Leadership Quarterly, 1992, 3(4): 271-305.

[59] Edward S. The Cognitive spiral: Creative thinking and cognitive processing

[J]. Journal of Creative Behavior, 1994, 28(4): 275-290.

[60] Edwards J R, Lambert L S. Methods for integrating moderation and mediation: A general analytical framework using moderated path analysis[J]. Psychological Methods, 2007, 12(1): 1-22.

[61] Egan T M. Creativity in the context of team diversity: Team leader perspectives [J]. Advances in Developing Human Resources, 2005, 7(2): 207-225.

[62] Eisenbeiss S A, Van K D, Boerner S. Transformational leadership and team innovation: Integrating team climate principles[J]. Journal of Applied Psychology, 2008, 93(6): 1438-1446.

[63] Eisenberger R, Armeli S, Pretz J. Can the promise of reward increase creativity? [J]. Journal of Personality and Social Psychology, 1998, 74(3): 704-714.

[64] Eldor L, Harpaz I. Retracted: The indirect relationship between learning climate and employees' creativity and adaptivity: The role of employee engagement[J]. Personnel Psychology, 2016, 69(3): 1-44.

[65] Elfenbein H A, Shirako A. An emotion process model for multicultural teams[J]. National Culture and Groups-Research on Managing Groups and Teams, 2006, 9(7): 263-297.

[66] Elliot A J, Harackiewicz J M. Approach and avoidance achievement goals and intrinsic motivation: A mediational analysis[J]. Journal of Personality and Social Psychology, 1996, 70(3): 461-475.

[67] Elliot A J, Shell M M, Henry K B, et al. Achievement goals, performance contingencies, and performance attainment: An experimental test[J]. Journal of Educational Psychology, 2005, 97(4): 630-640.

[68] Elliot A J, Thrash T M. Achievement goals and the hierarchical model of achievement motivation[J]. Educational Psychology Review, 2001, 13(2): 139-156.

[69] Farh J L, Lee C, Farh C I. Task conflict and team creativity: A question of

how much and when[J]. Journal of Applied Psychology, 2010, 95(6): 1173-1180.

[70] Farmer S M, Tierney P, Kung-Mcintyre K. Employee creativity in Taiwan: An application of role identity theory[J]. Academy of Management Journal, 2003, 46(5): 618-630.

[71] Feist G J. A meta-analysis of personality in scientific and artistic creativity[J]. Personality and Social Psychology Review, 1998, 2(4): 290-309.

[72] Finke R A. Imagery, creativity, and emergent structure[J]. Consciousness and Cognition, 1996, 5(3): 381-393.

[73] Fornell C, Larcker D F. Evaluating structural equation models with unobservable variables and measurement error[J]. Journal of Marketing Research, 1981, 18(1): 39-50.

[74] Gajendran R S, Joshi A. Innovation in globally distributed teams: The role of LMX, communication frequency, and member influence on team decisions[J]. Journal of Applied Psychology, 2012, 97(6): 1252-1261.

[75] George J M, Zhou J. Dual tuning in a supportive context: Joint contributions of positive mood, negative mood, and supervisory behaviors to employee creativity[J]. Academy of Management Journal, 2007, 50(3): 605-622.

[76] George J M, Zhou J. Understanding when bad moods foster creativity and good ones don't: The role of context and clarity of feelings[J]. Journal of Applied Psychology, 2002, 87(4): 687-697.

[77] George J M, Zhou J. When openness to experience and conscientiousness are related to creative behavior: An interactional approach[J]. Journal of Applied Psychology, 2001, 86(3): 513-24.

[78] Gilson L L, Shalley C E. A little creativity goes a long way: An examination of teams' engagement in creative processes[J]. Journal of Management, 2004, 30(4): 453-470.

[79] Gloet M, Terziovski M. Exploring the relationship between knowledge

management practices and innovation performance[J]. Journal of Manufacturing Technology Management, 2004, 15(5): 402-409.

[80] Goncalo J A, Duguid M M. Follow the crowd in a new direction: When conformity pressure facilitates group creativity (and when it does not)[J]. Organizational Behavior and Human Decision Processes, 2012, 118(1): 14-23.

[81] Gong Y, Cheung S Y, Wang M, et al. Unfolding proactive processes for creativity: Integration of employee proactivity, information exchange, and psychological safety perspectives[J]. Journal of Management, 2015, 36(5): 603-612.

[82] Gong Y, Huang J C, Farh J L. Employee learning orientation, transformational leadership, and employee creativity: The mediating role of employee creative self-efficacy[J]. Academy of Management Journal, 2009, 52(4): 765-778.

[83] Gong Y, Kim T Y, Lee D R, et al. A multilevel model of team goal orientation, information exchange, and creativity[J]. Academy of Management Journal, 2013, 56(3): 827-851.

[84] Gong Y. Employee learning orientation, transformational leadership, and employee creativity: The mediating role of employee creative self-efficacy[J]. Development and Learning in Organizations, 2010, 52(2): 765-778.

[85] Gough H G. A creative personality scale for the adjective check list[J]. Journal of Personality and Social Psychology, 1979, 37(8): 1398-1405.

[86] Gouran D S. Group communication: Perspectives and priorities for future research[J]. Quarterly Journal of Speech, 1973, 59(1): 22-29.

[87] Greenleaf R. The Servant as Leader[M]. New York: Paulist Press, 1977.

[88] Griffith T L, Sawyer J E. Multilevel knowledge and team performance[J]. Journal of Organizational Behavior, 2010, 31(7): 1003–1031.

[89] Gruber T R. Toward principles for the design of ontologies used for knowledge

sharing? [J]. International Journal of Human-Computer Studies, 1995, 43 (5-6): 907-928.

[90] Guilford, J. P. Creativity [J]. American Psychologist, 1950, 5 (9): 444-454.

[91] Gumusluoglu L, Ilsev A. Transformational leadership, creativity, and organizational innovation [J]. Journal of Business Research, 2009, 62 (4): 461-473.

[92] Gutnick D, Walter F, Nijstad B A, et al. Creative performance under pressure an integrative conceptual framework [J]. Organizational Psychology Review, 2012, 2 (3): 189-207.

[93] Hackman J R, Morris C G. Group tasks, group interaction process, and group performance effectiveness: A review and proposed integration 1 [J]. Advances in Experimental Social Psychology, 1983, (8): 45-99.

[94] Hackman J R, Morris C G. Group tasks, group interaction process, and group performance effectiveness: A review and proposed integration [C]. In L. Berkowitz (Ed.), Advances in Experimental Social Psychology. New York, NY: Academic Press, 1975, (8): 45-99.

[95] Hansen M T. Knowledge networks: Explaining effective knowledge sharing in multiunit companies [J]. Organization Science, 2002, 13 (3): 232-248.

[96] Hargadon A B, Bechky B A. When collections of creatives become creative collectives: A field study of problem solving at work [J]. Organization Science, 2006, 17 (4): 484-500.

[97] Hargadon, A. Creativity that works [C]. In J. Zhou & C.E. Shalley (Eds.), Handbook of Organizational Creativity. New York: Lawrence Erlbaum Associates, 2008: 323-343.

[98] Harris T B, Li N, Boswell W R, et al. Getting what's new from newcomers: Empowering leadership, creativity, and adjustment in the socialization context [J]. Personnel Psychology, 2013, 67 (3): 567-604.

[99] He H, Baruch Y, Lin C P. Modeling team knowledge sharing and team

flexibility: The role of within-team competition[J]. Human Relations, 2014, 67(8): 947-978.

[100] Hendriks P. Why share knowledge? The influence of ICT on the motivation for knowledge sharing[J]. Knowledge and Process Management, 1999, 6(2): 91-100.

[101] Henker N, Sonnentag S, Unger D. Transformational leadership and employee creativity: The mediating role of promotion focus and creative process engagement[J]. Journal of Business and Psychology, 2015, 30(2): 235-247.

[102] Higgins E T. Beyond pleasure and pain[J]. American Psychologist, 1997, 52(12): 1280-1300.

[103] Hirst G, Knippenberg D V, Zhou J. A cross-level perspective on employee creativity: Goal orientation, team learning behavior, and individual creativity[J]. Academy of Management Journal, 2009, 52(2): 280-293.

[104] Hofmann D A, Gavin M B. Centering decisions in hierarchical linear models: Implications for research in organizations[J]. Journal of Management, 1998, 24(5): 623-641.

[105] Homan A C, Knippenberg D V, Kleef G V, et al. Bridging faultlines by valuing diversity: Diversity beliefs, information elaboration, and performance in diverse work groups[J]. Journal of Applied Psychology, 2007, 92(5): 1189-1199.

[106] Hon A H Y. Does job creativity requirement improve service performance? A multilevel analysis of work stress and service environment[J]. International Journal of Hospitality Management, 2013, 35(7): 161-170.

[107] Hon A H Y. Shaping environments conductive to creativity: The role of intrinsic motivation[J]. Cornell Hospitality Quarterly, 2012, 53(1): 53-64.

[108] House R J, Rizzo J R. Role conflict and ambiguity as critical variables in a model of organizational behavior[J]. Organizational Behavior and Human

Performance, 1972, 7(3): 467-505.

[109] Hulsheger U R, Anderson N, Salgado J F. Team-level predictors of innovation at work: A comprehensive meta-analysis spanning three decades of research[J]. Journal of Applied Psychology, 2009, 94(5): 1128-1145.

[110] Illies J J, Reiter-Palmon R. The effects of type and level of personal involvement on information search and problem solving 1[J]. Journal of Applied Social Psychology, 2004, 34(8): 1709-1729.

[111] Jaiswal N K, Dhar R L. Fostering employee creativity through transformational leadership: Moderating role of creative self-efficacy[J]. Creativity Research Journal, 2016, 28(3): 367-371.

[112] Jansen J J P, Simsek Z, Cao Q. Ambidexterity and performance in multiunit contexts: Cross-level moderating effects of structural and resource attributes [J]. Strategic Management Journal, 2012, 33(11): 1286-1303.

[113] Jantunen A, Bergman J, Saksa J. Managing knowledge creation and sharing-scenarios and dynamic capabilities in inter-industrial knowledge networks [J]. Journal of Knowledge Management, 2004, 8(8): 63-76.

[114] Jiang W, Gu Q, Wang G G. To guide or to divide: The dual-side effects of transformational leadership on team innovation[J]. Journal of Business and Psychology, 2015, 30(4): 677-691.

[115] Jiang W, Gu Q. A moderated mediation examination of proactive personality on employee creativity[J]. Journal of Organizational Change Management, 2015, 28(3): 393-410.

[116] Jiang W, Gu Q. Leader creativity expectations motivate employee creativity: A moderated mediation examination[J]. International Journal of Human Resource Management, 2017, 28(5): 724-749.

[117] Johari J, Yahya K K. Job characteristics, work involvement, and job performance of public servants[J]. European Journal of Training and Development, 2016, 40(7): 554-575.

[118] Joo B K, Mclean G N, Yang B. Creativity and human resource development: An integrative literature review and a conceptual framework for future research[J]. Human Resource Development Review, 2013, 12(4): 390-421.

[119] Just B A, Tholey M J, Swain M V, et al. How relational capital and knowledge combination capability enhance the performance of work units in a high technology industry[J]. Strategic Entrepreneurship Journal, 2009, 3(1): 85-103.

[120] Kakar A K. How do team conflicts impact knowledge sharing?[J]. Knowledge Management Research and Practice, 2017, 16(5): 1-11.

[121] Kanter R M. When a thousand flowers bloom: Structural collective and social conditions for innovation in organizations[C]. In B. M. Staw & L. L. Cum-mings(Eds.), Research in organizational behavior, Greenwich, CT: JAI Press. 1988, (10): 169-211.

[122] Karakowsky L, Degama N, Mcbey K. Facilitating the Pygmalion effect: The overlooked role of subordinate perceptions of the leader[J]. Journal of Occupational and Organizational Psychology, 2012, 85(4): 579-599.

[123] Kark R, Carmeli A. Alive and creating: The mediating role of vitality and aliveness in the relationship between psychological safety and creative work involvement[J]. Journal of Organizational Behavior, 2009, 30(6): 785-804.

[124] Kelly J R, Mcgrath J E. Effects of time limits and task types on task performance and interaction of four-person groups[J]. Journal of Personality and Social Psychology, 1985, 49(49): 395-407.

[125] Khalili A. Linking transformational leadership, creativity, innovation, and innovation-supportive climate[J]. Management Decision, 2016, 54(9): 2277-2293.

[126] Kim K, Choi S B. Influences of creative personality and working

environment on the research productivity of business school faculty[J]. Creativity Research Journal, 2017, 29(1): 10-20.

[127] Kim T Y, Gong Y, Lee D R, et al. A multilevel model of team goal orientation, information exchange, and creativity[J]. Academy of Management Journal, 2015, 56(3): 827-851.

[128] Kim T Y, Hon A H Y, Lee D R. Proactive personality and employee creativity: The effects of job creativity requirement and supervisor support for creativity[J]. Creativity Research Journal, 2010, 22(1): 37-45.

[129] Koestler, A. The act of creation[M]. New York: Macmillan, 1964.

[130] Kogokar S. Development of the interest in the adult world by preschool children[J]. Creative Personality and Creative Professions, 2016, 4(5): 38-41.

[131] Kohn N W, Paulus P B, Choi Y H. Building on the ideas of others: An examination of the idea combination process[J]. Journal of Experimental Social Psychology, 2011, 47(3): 554-561.

[132] Kulik C T, Oldham G R, Hackman J R. Work design as an approach to person-environment fit[J]. Journal of Vocational Behavior, 1987, 31(3): 278-296.

[133] Kurtzberg T R, Amabile T M. From Guilford to creative synergy: Opening the black box of team-level creativity[J]. Creativity Research Journal, 2001, 13(3-4): 285-294.

[134] Lansford J E, Malone P S, Dodge K A, et al. A 12-year prospective study of patterns of social information processing problems and externalizing behaviors[J]. Journal of Abnormal Child Psychology, 2006, 34(5): 709-718.

[135] Latham G P, Locke E A. Enhancing the benefits and overcoming the pitfalls of goal setting[J]. Organizational Dynamics, 2006, 35(4): 332-340.

[136] Lazaru R S. Psychological stress in the work place[C]. In: Rick Crandall,

Pamela L Perrewe ed.Occupational Stress: A Handbook. New Jersey: Prentice Hall, 1995: 2-9.

[137] Lazarus R S, Launier R. Stress-related transactions between person and environment[M]. New York: Springer, 1978.

[138] Lazarus R S. Folkman S. Stress, Appraisal, and Coping[M].New York: Springer, 1984.

[139] Lazarus R S. Psychological Stress and the Coping Process[M]. New York: Mc Graw-Hill, 1966.

[140] Lazarus R, Folkman S. Stress Appraisal and Coping[M]. New York: Springer, 1984.

[141] Lebreton J M, Senter J L. Answers to twenty questions about inter-rater reliability and inter-rater agreement[J]. Organizational Research Methods, 2008, 11(4): 815-852.

[142] Lemerise E A, Arsenio W F. An integrated model of emotion processes and cognition in social information processing[J]. Child Development, 2000, 71(1): 107-118.

[143] Lepine J A, Podsakoff N P, Lepine M A. A meta-analytic test of the challenge stressor-hindrance stressor framework: An explanation for inconsistent relationships among stressors and performance[J]. Academy of Management Journal, 2005, 48(5): 764-775.

[144] Lepine M A, Zhang Y, Crawford E R, et al. Turning their pain to gain: Charismatic leader influence on follower stress appraisal and job performance[J]. Academy of Management Journal, 2015, 59(3): 1036-1059.

[145] Levine J M, Choi H S, Moreland R L. Newcomer innovation in work teams[C]. In P.B. Paulus & B.A. Nijstad (Eds.), Group Creativity: Innovation Through Collaboration. New York: Oxford University Press, 2003: 202-224.

[146] Levine J M, Moreland R L. Collaboration: The social context of theory development[J]. Personality and Social Psychology Review, 2004, 8(2):

164-172.

[147] Liao H, Chuang A. A multilevel investigation of factors influencing employee service performance and customer outcomes[J]. Academy of Management Journal, 2004, 47(1): 41-58.

[148] Lin, Tien-Yu. Optimal policy for a simple supply chain system with defective items and returned cost under screening errors[J]. Journal of the Operations Research Society of Japan, 2017, 3(3): 307-320.

[149] Lichtenthaler P W, Fischbach A. Leadership, job crafting, and employee health and performance[J]. The Leadership & Organization Development Journal, 2018, 39(5): 620-632.

[150] Liden R C, Wayne S J, Liao C, et al. Servant Leadership and Serving Culture: Influence on Individual and Unit Performance[J]. Academy of Management Journal, 2014, 57(5): 1434-1452.

[151] Liu X Y, Härtel C E J, Sun J M. The workgroup emotional climate scale: Theoretical development, empirical validation, and relationship with workgroup effectiveness[J]. Group and Organization Management, 2014, 39(6): 626-663.

[152] Liu X, Sun J, Härtel C E J. Developing measure of team emotional climate in China[J]. International Journal of Psychology, 2008, 43(3-4): 285-285.

[153] Locke E A, Latham G P. Building a practically useful theory of goal setting and task motivation: A 35-year odyssey[J]. American Psychologist, 2002, 57(9): 705-717.

[154] Locke, E. The nature and causes of job satisfaction[C]. In M.D. Dunnette (Ed.), Handbook of Industrial and Organizational Psychology. Chicago: Rand Mc Nally. 1976, 1297-1349.

[155] Lösel F, Bliesener T, Bender D. Social information processing, experiences of aggression in social contexts, and aggressive behavior in adolescents[J]. Criminal Justice and Behavior, 2007, 34(3): 330-347.

[156] Lubart T I. Models of the creative process: Past, present and future [J]. Creativity Research Journal, 2001, 13 (3-4): 295-308.

[157] Madjar N, Shalley C E. Multiple tasks' and multiple goals' effect on creativity: Forced incubation or just a distraction? [J]. Journal of Management, 2008, 34 (4): 786-805.

[158] Mednick S. The associative basis of the creative process [J]. Psychological Review, 1962, 69 (3): 220-232.

[159] Mueller J S, Kamdar D. Why seeking help from teammates is a blessing and a curse: A theory of help seeking and individual creativity in team contexts [J]. Journal of Applied Psychology, 2011, 96 (2): 263-276.

[160] Mumford M D, Gustafson S B. Creativity syndrome: Integration, application, and innovation [J]. Psychological Bulletin, 1988, 103 (1): 27-43.

[161] Mumford M D, Mobley M I, Uhlman C E, et al. Process analytic models of creative capacities [J]. Creativity Research Journal, 1991, 4 (2): 91-122.

[162] Mumford M D. Managing creative people: Strategies and tactics for innovation [J]. Human Resource Management Review, 2000, 10 (3): 313-351.

[163] Neubert M J, Dyck B. Developing sustainable management theory: Goal-setting theory based in virtue [J]. Management Decision, 2016, 54 (2): 304-320.

[164] Nguyen T A, Zeng Y. A theoretical model of design creativity: Nonlinear design dynamics and mental stress-creativity relation [J]. Journal of Integrated Design and Process Science, 2012, 16 (3): 65-88.

[165] Niari M, Evaggelia M, Lionarakis A. The Pygmalion effect in distance learning: A case study at the Hellenic Open University [J]. European Journal of Open, Distance and E-Learning, 2016, 19 (1): 36-52.

[166] Nonaka I, Toyama R. The theory of the knowledge-creating firm:

Subjectivity, objectivity and synthesis [J]. Industrial and Corporate Change, 2005, 14 (3): 419-436.

[167] Nonaka I. The knowledge creating company [J]. Harvard Business Review, 1991, (11-12): 96-104.

[168] Nouri R, Erez M, Lee C, et al. Social context: Key to understanding culture's effects on creativity [J]. Journal of Organizational Behavior, 2015, 36 (7): 899-918.

[169] Oldham G R, Cummings A. Employee creativity: Personal and contextual factors at work [J]. Academy of Management Journal, 1996, 39 (3): 607-634.

[170] Paletz S B, Schunn C D. A social-cognitive framework of multidisciplinary team innovation [J]. Topics in Cognitive Science, 2010, 2 (1): 73-95.

[171] Park N K, Chun M Y, Lee J. Revisiting individual creativity assessment: Triangulation in subjective and objective assessment methods [J]. Creativity Research Journal, 2016, 28 (1): 1-10.

[172] Parnes S J, Noller R B, Biondi A M. Guide to Creative Action [M]. New York: Charles Scribner's Sons, 1977.

[173] Paulus P B, Brown V R. Toward more creative and innovative group idea generation: A cognitive-social-motivational perspective of brainstorming [J]. Social and Personality Psychology Compass, 2007, 1 (1): 248-265.

[174] Pavitt C. An interactive input-process-output model of social influence in decision-making groups [J]. Small Group Research, 2014, 45 (6): 704-730.

[175] Peacock E J, Wong P T. The stress appraisal measure (SAM): A multidimensional approach to cognitive appraisal [J]. Stress and Health, 1990, 6 (3): 227-236.

[176] Pearsall M J, Ellis A P J, Stein J H. Coping with challenge and hindrance stressors in teams: Behavioral, cognitive, and affective outcomes [J]. Organizational Behavior and Human Decision Processes, 2009, 109 (1): 18-

28.

[177] Pearsall M J, Ellis A P, Evans J M. Unlocking the effects of gender faultlines on team creativity: Is activation the key?[J]. Journal of Applied Psychology, 2008, 93(1): 225-234.

[178] Pellegrini E K, Scandura T A. Paternalistic leadership: A Review and agenda for future research[J]. Journal of Management Official Journal of the Southern Management Association, 2008, 34(3): 566-593.

[179] Perry-Smith J E. Social yet creative: The role of social relationships in facilitating individual creativity[J]. Academy of Management Journal, 2006, 49(1): 85-101.

[180] Perry-Smith J, Mannucci P V. From creativity to innovation: The social network drivers of the four phases of the idea journey[J]. Academy of Management Review, 2017, 42(1): 53-79.

[181] Petrou P, Demerouti E, Peeters M, et al. Crafting a job on a daily basis: Contextual correlates and the link to work engagement[J]. Journal of Organizational Behavior, 2012, 33(8): 1120-1141.

[182] Pieterse A N, Knippenberg D V, Ginkel W P V. Diversity in goal orientation, team reflexivity, and team performance[J]. Organizational Behavior and Human Decision Processes, 2011, 114(2): 153-164.

[183] Podsakoff N P, Lepine J A, Lepine M A. Differential challenge stressor-hindrance stressor relationships with job attitudes, turnover intentions, turnover, and withdrawal behavior: A meta-analysis[J]. Journal of Applied Psychology, 2007, 92(2): 438-854.

[184] Podsakoff P M, Mackenzie S B, Lee J Y, et al. Common method biases in behavioral research: A critical review of the literature and recommended remedies[J]. Journal of Applied Psychology, 2003, 88(5): 879-903.

[185] Preacher K J, Selig J P. Advantages of Monte Carlo confidence intervals for indirect effects[J]. Communication Methods and Measures, 2012, 6(2):

77-98.

[186] Presbitero A, Roxas B, Chadee D. Effects of intra-and inter-team dynamics on organisational learning: Role of knowledge-sharing capability[J]. Knowledge Management Research and Practice, 2017, 15(1): 146-154.

[187] Probst T M, Stewart S M, Gruys M L, et al. Productivity, counterproductivity and creativity: The ups and downs of job insecurity[J]. Journal of Occupational and Organizational Psychology, 2007, 80(3): 479-497.

[188] Qu R, Janssen O, Shi K. Transformational leadership and follower creativity: The mediating role of follower relational identification and the moderating role of leader creativity expectations[J]. Leadership Quarterly, 2015, 26(2): 286-299.

[189] Redmond M R, Mumford M D, Teach R. Putting creativity to work: Effects of leader behavior on subordinate creativity[J]. Organizational Behavior and Human Decision Processes, 1993, 55(1): 120-151.

[190] Reiter-Palmon R, Illies J J. Leadership and creativity: Understanding leadership from a creative problem-solving perspective[J]. Leadership Quarterly, 2004, 15(1): 55-77.

[191] Reiter-Palmon R, Mumford M D, Boes J O, et al. Problem construction and creativity: The role of ability, cue consistency, and active processing[J]. Creativity Research Journal, 1997, 10(1): 9-23.

[192] Reiter-Palmon R, Mumford M D, Threlfall K V. Solving everyday problems creatively: The role of problem construction and personality type[J]. Creativity Research Journal, 1998, 11(3): 187-197.

[193] Rietzschel E F, Nijstad B A, Stroebe W. Productivity is not enough: A comparison of interactive and nominal brainstorming groups on idea generation and selection[J]. Journal of Experimental Social Psychology, 2006, 42(2): 244-251.

[194] Robinson-Morral E J, Reiter-Palmon R, Kaufman J C. The interactive

effects of self-perceptions and job requirements on creative problem solving [J]. Journal of Creative Behavior, 2013, 47(3): 200-214.

[195] Rosenthal R, Jacobson L. Teachers' expectancies: Determinants of pupils' IQ gains [J]. Psychological Reports, 1966, 19(1): 115-118.

[196] Salancik G R, Pfeffer J. A social information processing approach to job attitudes and task design [J]. Administrative Science Quarterly, 1978, 23(2): 224-253.

[197] Schumert Z, Rosenmann A, Landau H, et al. Work environment and atmosphere: The role of organizational support in the creativity performance of tourism and hospitality organizations [J]. International Journal of Hospitality Management, 2015, 46(2): 26-35.

[198] Scott S G, Bruce R A. Determinants of innovative behavior: A path model of individual innovation in the workplace [J]. Academy of Management Journal, 1994, 37(3): 580-607.

[199] Selye H. History and present status of the stress concept [C]. In L. Goldberger & S. Breznitz (Eds.). Handbook of Stress. NY: Free Press, 1982: 7-17.

[200] Shalley C E, Gilson L L, Blum T C. Matching creativity requirements and the work environment: Effects on satisfaction and intentions to leave [J]. Academy of Management Journal, 2000, 43(2): 215-223.

[201] Shalley C E, Gilson L L. What leaders need to know: A review of social and contextual factors that can foster or hinder creativity [J]. Leadership Quarterly, 2004, 15(1): 33-53.

[202] Shalley C E, Zhou J, Oldham G R. The effects of personal and contextual characteristics on creativity: Where should we go from here? [J]. Journal of Management, 2004, 30(6): 933-958.

[203] Shalley C E. Effects of coaction, expected evaluation, and goal setting on creativity and productivity [J]. Academy of Management Journal, 1995, 38

(2): 483-503.

[204] Shin S J, Kim T Y, Lee J Y, et al. Cognitive team diversity and individual team member creativity: A cross-level interaction[J]. Academy of Management Journal, 2012, 55(1): 197-212.

[205] Shin S J, Yuan F, Zhou J. When perceived innovation job requirement increases employee innovative behavior: A sensemaking perspective[J]. Journal of Organizational Behavior, 2017, 38(1): 68-86.

[206] Shin S J, Zhou J. When is educational specialization heterogeneity related to creativity in research and development teams? Transformational leadership as a moderator[J]. Journal of Applied Psychology, 2007, 92(6): 1709-1721.

[207] Shin Y. Positive group affect and team creativity: Mediation of team reflexivity and promotion focus[J]. Small Group Research, 2014, 45(3): 337-364.

[208] Somech A, Drachzahavy A. Translating team creativity to innovation implementation: The role of team composition and climate for innovation[J]. Journal of Management, 2011, 39(3): 684-708.

[209] Sternberg R J, Lubart T I. An investment theory of creativity and its development[J]. Human Development, 1991, 34(1): 1-31.

[210] Sternberg R J. Implicit theories of intelligence, creativity, and wisdom[J]. Journal of Personality and Social Psychology, 1985, 49(3): 607-627.

[211] Stobbeleir K E M D, Ashford S J, Buyens D. Self-regulation of creativity at work: The role of feedback-seeking behavior in creative performance[J]. Academy of Management Journal, 2011, 54(4): 811-831.

[212] Sutton C D, Woodman R W. Pygmalion goes to work: The effects of supervisor expectations in a retail setting[J]. Journal of Applied Psychology, 1989, 74(6): 943-950.

[213] Taggar S. Individual creativity and group ability to utilize individual creative resources: A multilevel model[J]. Academy of Management Journal,

2002, 45(2): 315-330.

[214] Tan C, Lau X, Kung Y, et al. Openness to experience enhances creativity: The mediating role of intrinsic motivation and the creative process engagement[J]. Journal of Creative Behavior, 2016, DOI: 10.1002/jocb.170.

[215] Tang C, Naumann S E. Team diversity, mood, and team creativity: The role of team knowledge sharing in Chinese R&D teams[J]. Journal of Management and Organization, 2017, 23(3): 1-15.

[216] Tierney P, Farmer S M. Creative self-efficacy development and creative performance over time[J]. Journal of Applied Psychology, 2011, 96(2): 277-293.

[217] Tierney P, Farmer S M. Creative self-efficacy: Its potential antecedents and relationship to creative performance[J]. Academy of Management Journal, 2002, 45(6): 1137-1148.

[218] Tierney P, Farmer S M. The Pygmalion process and employee creativity.[J]. Journal of Management, 2004, 30(3): 413-432.

[219] Tims M, Akkermans J. Core self-evaluations and work engagement: Testing a perception, action, and development path[J]. PLos ONE, 2017, 12(8): 1-19.

[220] Tims M, Bakker A B. Job crafting: Towards a new model of individual job redesign[J]. SA Journal of Industrial Psychology, 2010, 36(02): 1-9.

[221] Tomaka J, Blascovich J, Kibler J, et al. Cognitive and physiological antecedents of threat and challenge appraisal[J]. Journal of Personality and Social Psychology, 1997, 73(1): 63-72.

[222] Tsai W. Social structure of "coopetition" within a multiunit organization: Coordination, competition, and intra-organizational knowledge sharing[J]. Organization Science, 2002, 13(2): 179-190.

[223] Unsworth K L, Clegg C W. Why do employees undertake creative action? [J]. Journal of Occupational and Organizational Psychology, 2010, 83(1):

77-99.

[224] Unsworth K, Wall T, Carter A. Creative Requirement: A neglected construct in the study of employee creativity? [J]. Group and Organization Management: An International Journal, 2005, 30(5): 541-560.

[225] Wang A C, Cheng B S. When does benevolent leadership lead to creativity? The moderating role of creative role identity and job autonomy [J]. Development and Learning in Organizations, 2010, 31(5): 106-121.

[226] Wang L, Preacher K J. Moderated mediation analysis using Bayesian methods [J]. Structural Equation Modeling A Multidisciplinary Journal, 2015, 22(2): 249-263.

[227] Webster J R, Beehr T A, Love K. Extending the challenge-hindrance model of occupational stress: The role of appraisal [J]. Journal of Vocational Behavior, 2011, 79(2): 505-516.

[228] Weisband S P. Group discussion and first advocacy effects in computer-mediated and face-to-face decision making groups [J]. Organizational Behavior & Human Decision Processes, 1992, 53(3): 352-380.

[229] Weiss H M, Cropanzano R. Affective events theory: A theoretical discussion of the structure, causes and consequences of affective experiences at work [J]. Research in Organizational Behavior, 1996, 18(3): 1-74.

[230] West M A, Farr J L. Innovation and creativity at work: Psychological and organizational strategies [J]. Health Policy, 1993, 45(3): 175-186.

[231] West M A. Sparkling fountains or stagnant ponds: An integrative model of creativity and innovation implementation in work groups [J]. Applied Psychology, 2002, 51(3): 355-387.

[232] Witherspoon C L, Bergner J, Cockrell C, et al. Antecedents of organizational knowledge sharing: A meta-analysis and critique [J]. Journal of Knowledge Management, 2013, 17(2): 250-277.

[233] Woodman R W, Sawyer J E, Griffin R W. Toward a theory of organizational

creativity[J]. Academy of Management Review, 1993, 18(2): 293-321.

[234] Yu C, Frenkel S J. Explaining task performance and creativity from perceived organizational support theory: Which mechanisms are more important? [J]. Journal of Organizational Behavior, 2013, 34(8): 1165-1181.

[235] Yuan F, Woodman R W. Innovative behavior in the workplace: The role of performance and image outcome expectations[J]. Academy of Management Journal, 2010, 53(2): 323-342.

[236] Zhang A Y, Tsui A S, Wang D X. Leadership behaviors and group creativity in Chinese organizations: The role of group processes.[J]. Leadership Quarterly, 2011, 22(5): 851-862.

[237] Zhang H, Kwan H K, Zhang X, et al. High core self-evaluators maintain creativity: A motivational model of abusive supervision[J]. Journal of Management, 2014, 40(4): 1151-1174.

[238] Zhang X, Bartol K M. Linking empowering leadership and employee creativity: The influence of psychological empowerment, intrinsic motivation, and creative process engagement[J]. Development and Learning in Organizations, 2010, 53(5): 107-128.

[239] Zhang Y, Lepine J A, Buckman B R, et al. It's not fair or is it? The role of justice and leadership in explaining work stressor job performance relationships[J]. Academy of Management Journal, 2014, 57(3): 675-697.

[240] Zhou J, George J M. When job dissatisfaction leads to creativity: Encouraging the expression of voice [J]. Academy of Management Journal, 2001, 44(4): 682-696.

[241] Zhou J, Hoever I J. Research on workplace creativity: A review and redirection[J]. Social Science Electronic Publishing, 2014, 1(1): 333-359.

[242] Zhou J, Shin S J, Brass D J, et al. Social networks, personal values, and creativity: Evidence for curvilinear and interaction effects[J]. Journal of

Applied Psychology, 2009, 94(6): 1544-1552.

[243] Zhou J. A model of paternalistic organizational control and group creativity [J]. Research on Managing Groups and Teams, 2006, (9): 75-94.

[244] 蔡亚华, 贾良定, 万国光. 变革型领导与员工创造力: 压力的中介作用[J]. 科研管理, 2015, 36(8): 112-119.

[245] 陈默, 梁建. 高绩效要求与亲组织不道德行为: 基于社会认知理论的视角[J]. 心理学报, 2017, 49(1): 94-105.

[246] 陈文春, 张义明. 知识型团队成员异质性对团队创造力的影响机制[J]. 中国科技论坛, 2017, (9): 178-185.

[247] 陈晓萍, 徐淑英, 樊景立. 组织与管理研究的实证方法(第二版)[M]. 北京: 北京大学出版社, 2012.

[248] 丁道韧. 组织地位感知对创新性前摄行为的作用——基于心理资本的中介作用与变革型领导的调节作用[J]. 系统管理学报, 2020, 29(02): 326-334.

[249] 丁琳, 席酉民. 变革型领导对员工创造力的作用机理研究[J]. 管理科学, 2008, 21(6): 40-46.

[250] 丁琳. 国外个体创造力研究述评与展望[J]. 技术与创新管理, 2017, 38(01): 8-14.

[251] 杜健梅, 李延晖. "皮格马利翁效应"循环模型探析[J]. 科学学与科学技术管理, 2002, 23(6): 95-97.

[252] 段锦云, 王娟娟, 朱月龙. 组织氛围研究: 概念测量、理论基础及评价展望[J]. 心理科学进展, 2014, 22(12): 1964-1974.

[253] 方杰, 温忠麟, 梁东梅, 等. 基于多元回归的调节效应分析[J]. 心理科学, 2015, (3): 715-720.

[254] 樊耘, 陈倩倩, 吕霄. LMX对员工反馈寻求行为的影响机制研究——基于分配公平和权力感知的视角[J]. 科学学与科学技术管理, 2015, 36(10): 158-168.

[255] 葛宝山, 刘牧, 董保宝. 团队互动过程模型研究评介与未来展望[J]. 外国经济与管理, 2012, 34(12): 39-48.

[256] 顾远东, 周文莉, 彭纪生. 组织支持感对研发人员创新行为的影响机制研究[J]. 管理科学, 2014, (1): 109-119.

[257] 蒿坡, 龙立荣, 贺伟. 共享型领导如何影响团队产出？信息交换、激情氛围与环境不确定性的作用[J]. 心理学报, 2015, 47(10): 1288-1299.

[258] 郝萌, 程志超. 真实型领导、积极氛围与下属创造力[J]. 科研管理, 2015, 36(12): 103-109.

[259] 胡蓓, 邱敏. 绩效考核目的取向与员工工作卷入: 内在激励的中介作用分析[J]. 管理评论, 2016, 28(5): 150-160.

[260] 胡泓, 顾琴轩, 陈继祥. 变革型领导对组织创造力和创新影响研究述评[J]. 南开管理评论, 2012, 15(5): 26-35.

[261] 胡巧婷, 王海江, 龙立荣. 新员工工作重塑会带来积极的结果吗？领导成员交换与个体传统性的作用[J]. 心理学报, 2020, 52(05): 123-132.

[262] 湖北政协编辑部. 以创新引领湖北制造业高质量发展——省政协促进制造业高质量发展座谈会发言摘编[J]. 湖北政协, 2019, (08): 6-8.

[263] 黄四林, 林崇德, 王益文. 创造力内隐理论研究: 源起与现状[J]. 心理科学进展, 2005, 13(6): 715-720.

[264] 黄卫伟. 以奋斗者为本: 华为公司人力资源管理纲要[M]. 北京: 中信出版社, 2014.

[265] 江静, 杨百寅. 换位思考、任务反思与团队创造力: 领导批判性思维的调节作用[J]. 南开管理评论, 2016, 19(6): 27-35.

[266] 康鑫, 刘强. 高技术企业知识动员对知识进化的影响路径——知识隐匿中介作用及知识基的调节作用[J]. 科学学研究, 2016, 34(12): 1856-1864.

[267] 李超平, 徐世勇. 管理与组织研究常用的60个理论[M]. 北京: 北京大学出版社, 2019.

[268] 李红玉, 刘云硕. 服务型领导对员工创新行为的影响研究——基于个体内在视角[J]. 技术经济, 2020, 39(11): 147-153.

[269] 李辉, 金辉. 工作重塑就能提高员工创造力吗？一个被调节的中介模型[J]. 预测, 2020, 39(01): 9-16.

[270] 李金华. 中国先进制造业的发展现实与未来路径思考[J]. 人文杂志, 2020, (01): 22-32.

[271] 李鹏, 张剑, 杜斑. 薪酬公平感、创造性人格对员工创造性绩效的影响[J]. 管理评论, 2017, 29(11): 106-115.

[272] 李燃, 王辉, 赵佳卉. 真诚型领导行为对团队创造力的影响[J]. 管理科学, 2016, 29(5): 71-82.

[273] 李万县, 贾明媚. 员工工作满意度与创造力的关系研究[J]. 人力资源管理, 2014, (3): 59-61.

[274] 李琰, 葛新权. 服务型领导对新生代员工工作激情的影响研究[J]. 管理评论, 2020, 32(11): 220-232.

[275] 李宗波, 李锐. 挑战性—阻碍性压力源研究述评[J]. 外国经济与管理, 2013, 35(5): 40-49.

[276] 梁永奕, 严鸣, 储小平. 辱虐管理研究新进展: 基于多种理论视角的梳理[J]. 外国经济与管理, 2015, (12): 59-72.

[277] 刘小禹, 刘军. 团队情绪氛围对团队创新绩效的影响机制[J]. 心理学报, 2012, 44(4): 546-557.

[278] 刘小禹, 孙健敏, 周禹. 变革/交易型领导对团队创新绩效的权变影响机制——团队情绪氛围的调节作用[J]. 管理学报, 2011, 8(6): 857-864.

[279] 刘新梅, 陈超. 团队动机氛围对团队创造力的影响路径探析——基于动机性信息加工视角[J]. 科学学与科学技术管理, 2017, 38(10): 170-180.

[280] 刘新梅, 沈力, 韩骁. 挑战/妨害型工作压力、学习目标导向与员工创造力[J]. 西安交通大学学报(社会科学版), 2013, 33(1): 36-41.

[281] 刘璇, 张向前. 团队创造力研究理论评析[J]. 科技进步与对策, 2016, (2): 155-160.

[282] 刘晔, 曲如杰, 时勘, 等. 领导创新期待对员工根本性创新行为的影响: 创新过程投入的视角[J]. 南开管理评论, 2016, 19(6): 17-26.

[283] 刘智强, 潘晓庆, 卫利华, 许玉平. 集体心理所有权与创造力: 自我决定理论视角[J]. 管理科学学报, 2021, 24(11): 98-115.

[284] 陆冠南. 深度多元文化经历激发创造力[J]. 清华管理评论, 2017, (6): 64-71.

[285] 路琳, 梁学玲. 知识共享在人际互动与创新之间的中介作用研究[J]. 南开管理评论, 2009, 12(1): 118-123.

[286] 路琳. 团队知识共享的动力机制及其作用效果: 研究述评[J]. 研究与发展管理, 2015, 27(3): 16-24.

[287] 罗瑾琏, 王亚斌, 钟竞. 员工认知方式与创新行为关系研究——以员工心理创新氛围为中介变量[J]. 研究与发展管理, 2010, 22(2): 1-8.

[288] 罗瑾琏, 张波, 钟竞. 认知风格与组织氛围感知交互作用下的员工创造力研究[J]. 科学学与科学技术管理, 2013, 34(2): 144-151.

[289] 罗胜强, 姜嬿. 管理学问卷调查研究方法[M]. 重庆: 重庆大学出版社, 2014.

[290] 罗文. 从战略上推动我国先进制造业发展[J]. 求是, 2014, (10): 22-24.

[291] 马君, 王迪. 内外激励协同影响创造力: 一个被中介调节模型[J]. 管理科学, 2015, 28(3): 38-51.

[292] 马君, 王晓红. 基于元评价视角的绩效评价系统设计机理研究综述[J]. 外国经济与管理, 2008, 30(03): 9-18.

[293] 马君, 张昊民, 杨涛. 成就目标导向、团队绩效控制对员工创造力的跨层次影响[J]. 心理学报, 2015, 47(1): 79-92.

[294] 马君. 奖励能否激励员工创造力: 不同成就动机氛围下的匹配研究[J]. 系统工程理论与实践, 2016, 36(4): 945-957.

[295] 马迎霜, 马君, 张昊民. 创新性工作要求对员工创造力的影响: 一个被调节的中介模型[J]. 预测, 2018, 37(1): 8-14.

[296] 马迎霜, 张昊民, 马君. 创新性工作要求对创造力的影响: 工作卷入的中介作用及分配公平的调节作用[J]. 商业经济与管理, 2018, 38(2): 37-45.

[297] 马迎霜, 陈芳, 张昊民. 创新性工作要求与团队创造力: 基于I-P-O模型视角[J]. 预测, 2020, 39(04): 61-67.

[298] 毛江华, 廖建桥, 刘文兴, 等. 辱虐管理从何而来? 来自期望理论的解释[J].

南开管理评论, 2014, 17(5): 4-12.

[299] 倪旭东, 项小霞, 姚春序. 团队异质性的平衡性对团队创造力的影响[J]. 心理学报, 2016, 48(5): 556-565.

[300] 聂婷, 孙艳伟, NIE, 等. 中国人力资源管理的多元化发展——第6届中国人力资源管理论坛述评[J]. 管理学报, 2018, 15(3): 34-39.

[301] 覃大嘉, 曹乐乐, 施怡, 胡倩倩, 李根祎. 职业能力、工作重塑与创新行为——基于阴阳和谐认知框架[J]. 外国经济与管理, 2020, 42(11): 48-63.

[302] 秦伟平, 李晋, 周路路, 等. 团队真实型领导对创造力的影响: LMX的跨层作用[J]. 管理工程学报, 2016, 30(3): 36-43.

[303] 曲如杰, 朱厚强, 刘晔, 时勘. 组织创新重视感与员工创新: 员工创新期待与创新人格的作用[J]. 管理评论, 2019, 31(12): 159-169.

[304] 沙开庆, 杨忠. 国外团队创造力研究综述[J]. 经济管理, 2015, (7): 191-199.

[305] 尚玉钒, 李磊. 领导行为示范、工作复杂性、工作调节焦点与创造力[J]. 科学学与科学技术管理, 2015, (6): 147-158.

[306] 石林. 工作压力理论及其在研究中的重要性[J]. 心理科学进展, 2002, 10(4): 433-438.

[307] 宋志刚, 顾琴轩. 创造性人格与员工创造力: 一个被调节的中介模型研究[J]. 心理科学, 2015, (3): 700-707.

[308] 孙笑明, 郑晓宇, 王巍, 王成军, 刘茹玥. 技术并购中主并企业关键研发者合作网络变化对其创造力的影响[J]. 管理工程学报, 2021, 35(06): 35-47.

[309] 孙锐, 王乃静, 石金涛. 中国背景下不同类型企业组织创新气氛差异实证研究[J]. 南开管理评论, 2008, 11(2): 42-49.

[310] 孙永波, 胡晓鹃, 丁沂昕. 员工培训、工作重塑与主动性行为——任务情境的调节作用[J]. 外国经济与管理, 2020, 42(01): 70-84.

[311] 汪国银, 张文静, 陈刚, 等. "我是"、"我能"、"我愿"——工作激情对员工创造力的影响路径研究[J]. 中国人力资源开发, 2016, (22): 28-35.

[312] 王端旭, 赵轶. 工作自主性、技能多样性与员工创造力: 基于个性特征的调节效应模型[J]. 商业经济与管理, 2011, (10): 43-50.

[313] 王石磊, 彭正龙. 新员工反馈寻求行为对其创新行为的影响研究[J]. 管理评论, 2013, 25(12): 156-164.

[314] 王甜, 陈春花, 宋一晓. 挑战性压力源对员工创新行为的"双刃"效应研究[J]. 南开管理评论, 2019, 22(05): 90-100+141.

[315] 温忠麟, 侯杰泰, 马什赫伯特. 结构方程模型检验: 拟合指数与卡方准则[J]. 心理学报, 2004, 36(2): 186-194.

[316] 吴隆增, 刘军, 刘刚. 辱虐管理与员工表现: 传统性与信任的作用[J]. 心理学报, 2009, 41(6): 510-518.

[317] 谢俊, 汪林, 储小平, 等. 组织公正视角下的员工创造力形成机制及心理授权的中介作用[J]. 管理学报, 2013, 10(2): 206-212.

[318] 谢利苹. 创造力与创造性人格[M]. 北京: 中国商务出版社, 2015.06.

[319] 徐长江, 陈实. 工作重塑干预: 对员工工作自主性的培养[J]. 心理科学进展, 2018, 26(08): 1501-1510.

[320] 徐振亭, 罗瑾琏. 自我牺牲型领导对员工创造力的影响——创造力支持氛围的跨层次效应[J]. 科学学与科学技术管理, 2016, 37(11): 166-180.

[321] 薛会娟. 研发团队中的效能感与创造力的关系——跨层次研究[J]. 南开管理评论, 2013, 16(5): 71-76.

[322] 杨德祥, 侯艳君, 张惠琴. 社会资本对企业员工创新行为的影响——知识共享和信任的中介效应[J]. 科技进步与对策, 2017, 34(20): 139-146.

[323] 杨付, 张丽华. 团队沟通、工作不安全氛围对创新行为的影响: 创造力自我效能感的调节作用[J]. 心理学报, 2012, 44(10): 1383-1401.

[324] 杨涛, 马君, 冯雪. 绩效薪酬与员工创造力关系研究述评与展望[J]. 科技进步与对策, 2017, 34(15): 154-160.

[325] 杨勇, 刘子琪, 曹井柱. 心理弹性、工作重塑对创造力和创意实施行为的作用机制——基于服务业情境研究[J]. 东北大学学报(社会科学版), 2020, 22(3): 29-37.

[326] 袁凌, 卓晓倩. 挑战−阻碍性压力与员工创造力关系研究: 工作卷入的中介作用[J]. 科技进步与对策, 2016 (2): 130-136.

[327] 张昊民, 丁苗苗, 杨涛, 等. 协和控制、成就目标导向对自我管理团队成员创造力的非线性影响: 一项本土情境下的研究[J]. 科技进步与对策, 2015, 32 (22): 133-140.

[328] 张昊民, HUYNH Tuan-quy, 马君. 习得性无助对员工创造力的影响机制研究——变革型领导的跨层次调节作用[J]. 预测, 2016, 35 (1): 28-34.

[329] 张昊民, 杨涛, 马君. 自主管理团队的协和控制、成就目标导向对成员创造力的跨层次影响[J]. 科学学与科学技术管理, 2015, 36 (8): 170-180.

[330] 张红琪, 鲁若愚. 服务企业顾客参与对员工创新行为的影响研究[J]. 科研管理, 2013, 34 (3): 99-105.

[331] 张婕, 樊耘, 张旭. 前摄性行为视角下的员工创新 前摄型人格、反馈寻求与员工创新绩效[J]. 南开管理评论, 2014, 17 (5): 13-23.

[332] 张景焕, 刘欣, 任菲菲, 等. 团队多样性与组织支持对团队创造力的影响[J]. 心理学报, 2016, 48 (12): 1551-1560.

[333] 张军伟, 龙立荣. 员工宽恕的前因与后果: 多层次模型[J]. 心理学报, 2014 (8): 1161-1175.

[334] 张庆红, 仝嫦哲. 组织中的知识分享: 理论基础、研究综述与展望[J]. 中国人力资源开发, 2016, (17): 6-13.

[335] 张新星, 刘新梅. 均衡还是失衡? 信息型子团队均衡对团队创造力的作用机理研究——亲社会动机的调节作用[J]. 科学学与科学技术管理, 2021, 42 (07): 157-172.

[336] 张亚军, 肖小虹. 挑战性−阻碍性压力对员工创造力的影响研究[J]. 科研管理, 2016, 37 (6): 10-18.

[337] 张燕, 怀明云, 章振, 等. 组织内创造力影响因素的研究综述[J]. 管理学报, 2011, 8 (2): 226-232.

[338] 张勇, 龙立荣, 贺伟. 绩效薪酬对员工突破性创造力和渐进性创造力的影响[J]. 心理学报, 2014, 46 (12): 1880-1896.

[339] 张勇, 龙立荣. 绩效薪酬对雇员创造力的影响: 人–工作匹配和创造力自我效能的作用[J]. 心理学报, 2013, 45(3): 363-376.

[340] 张振刚, 余传鹏, 李云健. 主动性人格、知识分享与员工创新行为关系研究[J]. 管理评论, 2016, 28(4): 123-133.

[341] 章文光, Laurette, Dube. 融合创新及其对中国创新驱动发展的意义[J]. 管理世界, 2016, (6): 1-9.

[342] 赵简, 孙健敏, 张西超. 工作要求–资源、心理资本对工作家庭关系的影响[J]. 心理科学, 2013, (1): 170-174.

[343] 赵新宇, 尚玉钒, 李瑜佳. 基于高校科研团队的领导语言框架、工作复杂性、认知评价与创造力关系研究[J]. 管理学报, 2016, 13(5): 671-679.

[344] 周国华, 马丹, 徐进, 等. 组织情境对项目成员知识共享意愿的影响研究[J]. 管理评论, 2014, 26(5): 61-70.

[345] 周浩, 龙立荣. 工作不安全感、创造力自我效能对员工创造力的影响[J]. 心理学报, 2011, 43(8): 929-940.

[346] 周莹, 王二平. 团队过程的研究现状[J]. 人类工效学, 2007, 13(3): 64-66.

[347] 朱雪春, 陈万明, 唐朝永. 研发团队创造力影响因素实证分析[J]. 系统工程, 2015, (4): 46-52.

附 录

附录1 实证研究—员工版调查问卷

尊敬的先生/女士：

您好！十分感谢您百忙中填写问卷！本次调查为匿名调查，目的在于了解您对相关议题的见解。问卷内容仅用作学术研究，不涉及您所服务单位的机密或者您个人的道德问题，并且是基于大样本的分析而得出结论，不会单独报告您个人的结果，您的回答结果将被严格保密。再次对您的热忱协助与合作表示深深感谢！

湖北省先进制造业企业创新发展研究团队
2019年3月

您的性别：	□男　□女
您的学历：	□高中及以下　□大专　□本科　□研究生（含）以上
您的年龄：	_____周岁
您在贵单位（公司）服务的时间：	_____年
贵公司所在行业：	_____行业

一、请您根据实际情况做出选择，从左到右表示"非常不符合"到"非常符合"。

您个人在工作中：	非常不符合	基本不符合	一般	基本符合	非常符合
1. 我花了相当长的时间去了解问题的本质	1	2	3	4	5
2. 我从多角度思考问题	1	2	3	4	5
3. 我把困难的问题/任务分解以便更好地理解	1	2	3	4	5
4. 我广泛查阅信息	1	2	3	4	5
5. 我从多个渠道搜集信息	1	2	3	4	5
6. 我在自己的专业领域储存了大量详细的信息，以供将来使用	1	2	3	4	5
7. 我会考虑不同来源的信息以产生新的想法	1	2	3	4	5
8. 我在看起来不同的领域中寻找合适的解决方案	1	2	3	4	5
9. 我会在确定最终方案之前，对同一问题形成多个备选方案	1	2	3	4	5
10. 我试着想出一些已被传统方法排除掉的可能的解决方案	1	2	3	4	5
11. 我花大量时间整理筛选那些可以帮助我产生新想法的信息	1	2	3	4	5

二、请您根据实际情况做出选择，从左到右表示"非常不符合"到"非常符合"。

您认为您个人的工作：	非常不符合	基本不符合	一般	基本符合	非常符合
1. 我的工作职责包含了寻找新技术和新方法	1	2	3	4	5
2. 将新观点和想法引入组织是我工作的一部分	1	2	3	4	5
3. 我不需要通过创新来满足我的工作需求	1	2	3	4	5
4. 我的工作要求我尝试运用新方法来解决问题	1	2	3	4	5
5. 提出新的想法是我工作职责的一部分	1	2	3	4	5

三、请您根据实际情况做出选择，从左到右表示"非常不符合"到"非常符合"。

您个人：	非常不符合	基本不符合	一般	基本符合	非常符合
1. 为满足工作要求而工作，有助于促进我的个人成长和幸福感	1	2	3	4	5
2. 我觉得我的工作要求鼓励我去实现个人的目标和成就	1	2	3	4	5
3. 总体而言，我觉得我的工作促进了我的个人成就	1	2	3	4	5
4. 满足工作要求而工作，不利于我的个人成长和生活幸福	1	2	3	4	5
5. 我觉得我的工作要求限制了我去实现个人的目标和成就	1	2	3	4	5
6. 总体而言，我觉得我的工作阻碍了我的个人成就	1	2	3	4	5

再次衷心感谢您的参与和配合！您的协助对我们研究取得预期成果至关重要！

附录2 实证研究—领导版调查问卷

尊敬的先生/女士：

您好！十分感谢您百忙中填写问卷！本次调查为匿名调查，目的在于了解您对相关议题的见解。问卷内容仅用作学术研究，不涉及您所服务单位的机密或者您个人的道德问题，并且是基于大样本的分析而得出结论，不会单独报告您个人的结果，您的回答结果将被严格保密。再次对您的热忱协助与合作表示深深感谢！

湖北省先进制造业企业创新发展研究团队
2019年3月

一、请您根据实际情况做出选择，从左到右表示"非常不符合"到"非常符合"。

该员工：	非常不符合	基本不符合	一般	基本符合	非常符合
1. 在工作中，会优先尝试新观点或新方法。	1	2	3	4	5
2. 在工作中，会寻求新方法或新途径来解决问题	1	2	3	4	5
3. 在工作中，会产生与工作领域相关的开拓性想法	1	2	3	4	5
4. 在工作中，是一个非常好的创造力典范	1	2	3	4	5

再次衷心感谢您的参与和配合！您的协助对我们研究取得预期成果至关重要！

附录3 实证研究二员工版调查问卷

尊敬的先生/女士：

您好！十分感谢您百忙中填写问卷！本次调查为匿名调查，目的在于了解您对相关议题的见解。问卷内容仅用作学术研究，不涉及您所服务单位的机密或者您个人的道德问题，并且是基于大样本的分析而得出结论，不会单独报告您个人的结果，您的回答结果将被严格保密。再次对您的热忱协助与合作表示深深感谢！

湖北省先进制造业企业创新发展研究团队
2019年3月

您的性别：	□男　□女
您的学历：	□高中及以下　□大专　□本科　□研究生（含）以上
您的年龄：	_____周岁
您在贵单位（公司）服务的时间：	_____年
贵公司所在行业：	_____行业

一、请您根据实际情况做出选择，从左到右表示"非常不符合"到"非常符合"。

您个人在工作中：	非常不符合	基本不符合	一般	基本符合	非常符合
1. 我有信心克服目前或将来的困难，并能解决可能面对的困境或难题	1	2	3	4	5
2. 我面对逆境的处理能力强	1	2	3	4	5
3. 面对巨大的压力时，我仍能保持冷静	1	2	3	4	5
4. 身处在充满压力的环境中时，我从未感到焦虑	1	2	3	4	5
5. 我在压力下犯错时，我还是喜欢自己	1	2	3	4	5
6. 即使在困难的环境下，我仍能积极面对	1	2	3	4	5
7. 在压力下放松自己时，我能体会到宁静，而没有担忧	1	2	3	4	5
8. 即使身处恐怖的环境，我仍能保持冷静	1	2	3	4	5
9. 即使我受到挫折，我也能很快恢复过来	1	2	3	4	5

二、请您根据实际情况做出选择，从左到右表示"非常不符合"到"非常符合"。

您认为您个人的工作：	非常不符合	基本不符合	一般	基本符合	非常符合
1. 我的工作职责包含了寻找新技术和新方法	1	2	3	4	5
2. 将新观点和想法引入组织是我工作的一部分	1	2	3	4	5
3. 我不需要通过创新来满足我的工作需求	1	2	3	4	5
4. 我的工作要求我尝试运用新方法来解决问题	1	2	3	4	5
5. 提出新的想法是我工作职责的一部分	1	2	3	4	5

三、请您根据实际情况做出选择，从左到右表示"非常不符合"到"非常符合"。

您个人：	非常不符合	基本不符合	一般	基本符合	非常符合
1. 我的工作要求我很努力地工作	1	2	3	4	5
2. 我在工作中感受到时间的紧迫性	1	2	3	4	5
3. 我在工作中感受到了工作责任的压力	1	2	3	4	5
4. 我的工作要求我使用一些复杂的或高水平技术	1	2	3	4	5
5. 我不得不经历很多繁文缛节来完成我的工作	1	2	3	4	5
6. 我没有完全理解组织期望我做什么	1	2	3	4	5
7. 我收到来自两个或更多人的不一致的工作要求	1	2	3	4	5
8. 我在完成工作的过程中会遇到很多麻烦	1	2	3	4	5

再次衷心感谢您的参与和配合！您的协助对我们研究取得预期成果至关重要！

附录4 实证研究二领导版调查问卷

尊敬的先生/女士：

您好！十分感谢您百忙中填写问卷！本次调查为匿名调查，目的在于了解您对相关议题的见解。问卷内容仅用作学术研究，不涉及您所服务单位的机密或者您个人的道德问题，并且是基于大样本的分析而得出结论，不会单独报告您个人的结果，您的回答结果将被严格保密。再次对您的热忱协助与合作表示深深感谢！

湖北省先进制造业企业创新发展研究团队
2019年3月

一、请您根据实际情况做出选择，从左到右表示"非常不符合"到"非常符合"。

该员工：	非常不符合	基本不符合	一般	基本符合	非常符合
1. 在工作中，会优先尝试新观点或新方法	1	2	3	4	5
2. 在工作中，会寻求新方法或新途径来解决问题	1	2	3	4	5
3. 在工作中，会产生与工作领域相关的开拓性想法	1	2	3	4	5
4. 在工作中，是一个非常好的创造力典范	1	2	3	4	5

再次衷心感谢您的参与和配合！您的协助对我们研究取得预期成果至关重要！

附录5 实证研究三员工版调查问卷

尊敬的先生/女士：

您好！十分感谢您百忙中填写问卷！本次调查为匿名调查，目的在于了解您对相关议题的见解。问卷内容仅用作学术研究，不涉及您所服务单位的机密或者您个人的道德问题，并且是基于大样本的分析而得出结论，不会单独报告您个人的结果，您的回答结果将被严格保密。再次对您的热忱协助与合作表示深深感谢！

湖北省先进制造业企业创新发展研究团队
2019年3月

您的性别：	□男　□女
您的学历：	□高中及以下　□大专　□本科　□研究生（含）以上
您的年龄：	_____周岁
您在贵单位（公司）服务的时间：	_____年
贵公司所在行业：	_____行业

一、请您根据实际情况做出选择，从左到右表示"非常不符合"到"非常符合"。

您个人在工作中：	非常不符合	基本不符合	一般	基本符合	非常符合
1. 对我来说，最重要的事中包含我当前的工作	1	2	3	4	5
2. 对我来说，工作只是我生活中的一小部分	1	2	3	4	5
3. 我完全投身于现在的工作中	1	2	3	4	5
4. 工作对我而言是不可或缺的，就如同呼吸一样	1	2	3	4	5
5. 我的兴趣大都是以工作为中心	1	2	3	4	5
6. 我与当前的工作有非常强的联系，难以割舍	1	2	3	4	5
7. 我常常想离开这份工作	1	2	3	4	5
8. 我的人生目标大都与工作相关	1	2	3	4	5
9. 我将工作视为我的生活中心	1	2	3	4	5
10. 我多数时间能够全神贯注于工作	1	2	3	4	5

二、请您根据实际情况做出选择，从左到右表示"非常不符合"到"非常符合"。

您认为您个人的工作：	非常不符合	基本不符合	一般	基本符合	非常符合
1. 我的工作职责包含了寻找新技术和新方法	1	2	3	4	5
2. 将新观点和想法引入组织是我工作的一部分	1	2	3	4	5
3. 我不需要通过创新来满足我的工作需求	1	2	3	4	5
4. 我的工作要求我尝试运用新方法来解决问题	1	2	3	4	5
5. 提出新的想法是我的工作职责的一部分	1	2	3	4	5

三、请您根据实际情况做出选择，从左到右表示"非常不符合"到"非常符合"。

您个人在工作中：	非常不符合	基本不符合	一般	基本符合	非常符合
1. 在本部门，升职或计划外加薪通常取决于员工的工作绩效	1	2	3	4	5
2. 在当前的组织系统中，金钱奖励很少与员工的绩效相关	1	2	3	4	5
3. 在本部门，主管倾向于给员工相同的绩效评估等级，并不取决于员工的实际工作业绩	1	2	3	4	5
4. 在当前的组织系统中，主管很少因为绩效突出而获得物质奖励	1	2	3	4	5
5. 绩效评估的确会影响本组织的人事安排	1	2	3	4	5
6. 我的主管不以我的工作表现来评估我的绩效	1	2	3	4	5
7. 如果我的工作做得不好，我将会被降级或调离	1	2	3	4	5
8. 主管对我的绩效评估结果公平，准确地反映了我的实际工作业绩	1	2	3	4	5
9. 如果我的工作非常出色，我会得到升职或更好的工作	1	2	3	4	5
10. 由于我的努力工作，我的高业绩会得到组织的认可	1	2	3	4	5
11. 如果我的工作非常出色，我会得到现金奖励或计划外的加薪	1	2	3	4	5

再次衷心感谢您的参与和配合！您的协助对我们研究取得预期成果至关重要！

附录6 实证研究三领导版调查问卷

尊敬的先生/女士：

您好！十分感谢您百忙中填写问卷！本次调查为匿名调查，目的在于了解您对相关议题的见解。问卷内容仅用作学术研究，不涉及您所服务单位的机密或者您个人的道德问题，并且是基于大样本的分析而得出结论，不会单独报告您个人的结果，您的回答结果将被严格保密。再次对您的热忱协助与合作表示深深感谢！

湖北省先进制造业企业创新发展研究团队
2019年3月

一、请您根据实际情况做出选择，从左到右表示"非常不符合"到"非常符合"。

该员工：	非常不符合	基本不符合	一般	基本符合	非常符合
1. 在工作中，会优先尝试新观点或新方法	1	2	3	4	5
2. 在工作中，会寻求新方法或新途径来解决问题	1	2	3	4	5
3. 在工作中，会产生于工作领域相关的开拓性想法	1	2	3	4	5
4. 在工作中，是一个非常好的创造力典范	1	2	3	4	5

再次衷心感谢您的参与和配合！您的协助对我们研究取得预期成果至关重要！

附录7　实证研究四员工版调查问卷

尊敬的先生/女士：

您好！十分感谢您百忙中填写问卷！本次调查为匿名调查，目的在于了解您对相关议题的见解。问卷内容仅用作学术研究，不涉及您所服务单位的机密或者您个人的道德问题，并且是基于大样本的分析而得出结论，不会单独报告您个人的结果，您的回答结果将被严格保密。再次对您的热忱协助与合作表示深深感谢！

湖北省先进制造业企业创新发展研究团队

2019年3月

您的性别：	□男　　□女
您的学历：	□高中及以下　　□大专　　□本科　　□研究生（含）以上
您的年龄：	_____周岁
您在贵单位（公司）服务的时间：	_____年
贵公司所在行业：	_____行业

一、请您根据实际情况做出选择，从左到右表示"非常不符合"到"非常符合"。

您认为您所在的团队：	非常不符合	基本不符合	一般	基本符合	非常符合
1. 团队成员之间彼此分享工作经验	1	2	3	4	5
2. 团队成员之间会应彼此的要求分享专业知识	1	2	3	4	5
3. 团队成员之间彼此分享对工作的想法	1	2	3	4	5
4. 团队成员之间互相提供工作建议	1	2	3	4	5
5. 我们团队中，每个团队成员都乐观和自信	1	2	3	4	5
6. 我们团队中，每个团队成员都朝气蓬勃	1	2	3	4	5
7. 我在团队中工作觉得充满希望	1	2	3	4	5

再次衷心感谢您的参与和配合！您的协助对我们研究取得预期成果至关重要！

附录8 实证研究四团队主管版调查问卷

尊敬的先生/女士：

您好！十分感谢您百忙中填写问卷！本次调查为匿名调查，目的在于了解您对相关议题的见解。问卷内容仅用作学术研究，不涉及您所服务单位的机密或者您个人的道德问题，并且是基于大样本的分析而得出结论，不会单独报告您个人的结果，您的回答结果将被严格保密。再次对您的热忱协助与合作表示深深感谢！

湖北省先进制造业企业创新发展研究团队

2019年3月

一、请您根据实际情况做出选择，从左到右表示"非常不符合"到"非常符合"。

您认为您所在的团队：	非常不符合	基本不符合	一般	基本符合	非常符合
1. 我的团队需要有创造力	1	2	3	4	5
2. 我的团队所承担的任务需要我们创造性地开展工作	1	2	3	4	5
3. 我的团队需要运用新的方式或方法来完成工作	1	2	3	4	5
4. 为了让我的团队表现优异，我们必须要考虑在工作中运用原创的或新颖的方法	1	2	3	4	5

再次衷心感谢您的参与和配合！您的协助对我们研究取得预期成果至关重要！

附录9 实证研究四团队直接领导版调查问卷

尊敬的先生/女士：

您好！十分感谢您百忙中填写问卷！本次调查为匿名调查，目的在于了解您对相关议题的见解。问卷内容仅用作学术研究，不涉及您所服务单位的机密或者您个人的道德问题，并且是基于大样本的分析而得出结论，不会单独报告您个人的结果，您的回答结果将被严格保密。再次对您的热忱协助与合作表示深深感谢！

湖北省先进制造业企业创新发展研究团队

2019年3月

一、请您根据实际情况做出选择，从左到右表示"非常不符合"到"非常符合"。

您认为该团队：	非常不符合	基本不符合	一般	基本符合	非常符合
1.所取得的成果具有创新性	1	2	3	4	5
2.所取得的成果具有原创性和实用性	1	2	3	4	5
3.已取得的成果表明该团队能够创造性地运用信息和资源完成工作	1	2	3	4	5

再次衷心感谢您的参与和配合！您的协助对我们研究取得预期成果至关重要！

附 录

附录1　实证研究—员工版调查问卷

尊敬的先生/女士：

您好！十分感谢您百忙中填写问卷！本次调查为匿名调查，目的在于了解您对相关议题的见解。问卷内容仅用作学术研究，不涉及您所服务单位的机密或者您个人的道德问题，并且是基于大样本的分析而得出结论，不会单独报告您个人的结果，您的回答结果将被严格保密。再次对您的热忱协助与合作表示深深感谢！

湖北省先进制造业企业创新发展研究团队
2019年3月

您的性别：	□男　□女
您的学历：	□高中及以下　□大专　□本科　□研究生（含）以上
您的年龄：	＿＿＿＿周岁
您在贵单位（公司）服务的时间：	＿＿＿＿年
贵公司所在行业：	＿＿＿＿行业

一、请您根据实际情况做出选择，从左到右表示"非常不符合"到"非常符合"。

您个人在工作中：	非常不符合	基本不符合	一般	基本符合	非常符合
1. 我花了相当长的时间去了解问题的本质	1	2	3	4	5
2. 我从多角度思考问题	1	2	3	4	5
3. 我把困难的问题/任务分解以便更好地理解	1	2	3	4	5
4. 我广泛查阅信息	1	2	3	4	5
5. 我从多个渠道搜集信息	1	2	3	4	5
6. 我在自己的专业领域储存了大量详细的信息，以供将来使用	1	2	3	4	5
7. 我会考虑不同来源的信息以产生新的想法	1	2	3	4	5
8. 我在看起来不同的领域中寻找合适的解决方案	1	2	3	4	5
9. 我会在确定最终方案之前，对同一问题形成多个备选方案	1	2	3	4	5
10. 我试着想出一些已被传统方法排除掉的可能的解决方案	1	2	3	4	5
11. 我花大量时间整理筛选那些可以帮助我产生新想法的信息	1	2	3	4	5

二、请您根据实际情况做出选择，从左到右表示"非常不符合"到"非常符合"。

您认为您个人的工作：	非常不符合	基本不符合	一般	基本符合	非常符合
1. 我的工作职责包含了寻找新技术和新方法	1	2	3	4	5
2. 将新观点和想法引入组织是我工作的一部分	1	2	3	4	5
3. 我不需要通过创新来满足我的工作需求	1	2	3	4	5
4. 我的工作要求我尝试运用新方法来解决问题	1	2	3	4	5
5. 提出新的想法是我的工作职责的一部分	1	2	3	4	5

三、请您根据实际情况做出选择，从左到右表示"非常不符合"到"非常符合"。

您个人：	非常不符合	基本不符合	一般	基本符合	非常符合
1. 为满足工作要求而工作，有助于促进我的个人成长和幸福感	1	2	3	4	5
2. 我觉得我的工作要求鼓励我去实现个人的目标和成就	1	2	3	4	5
3. 总体而言，我觉得我的工作促进了我的个人成就	1	2	3	4	5
4. 满足工作要求而工作，不利于我的个人成长和生活幸福	1	2	3	4	5
5. 我觉得我的工作要求限制了我去实现个人的目标和成就	1	2	3	4	5
6. 总体而言，我觉得我的工作阻碍了我的个人成就	1	2	3	4	5

再次衷心感谢您的参与和配合！您的协助对我们研究取得预期成果至关重要！

附录2 实证研究一领导版调查问卷

尊敬的先生/女士：

您好！十分感谢您百忙中填写问卷！本次调查为匿名调查，目的在于了解您对相关议题的见解。问卷内容仅用作学术研究，不涉及您所服务单位的机密或者您个人的道德问题，并且是基于大样本的分析而得出结论，不会单独报告您个人的结果，您的回答结果将被严格保密。再次对您的热忱协助与合作表示深深感谢！

湖北省先进制造业企业创新发展研究团队
2019年3月

一、请您根据实际情况做出选择，从左到右表示"非常不符合"到"非常符合"。

该员工：	非常不符合	基本不符合	一般	基本符合	非常符合
1. 在工作中，会优先尝试新观点或新方法。	1	2	3	4	5
2. 在工作中，会寻求新方法或新途径来解决问题	1	2	3	4	5
3. 在工作中，会产生与工作领域相关的开拓性想法	1	2	3	4	5
4. 在工作中，是一个非常好的创造力典范	1	2	3	4	5

再次衷心感谢您的参与和配合！您的协助对我们研究取得预期成果至关重要！

附录3 实证研究二员工版调查问卷

尊敬的先生/女士：

您好！十分感谢您百忙中填写问卷！本次调查为匿名调查，目的在于了解您对相关议题的见解。问卷内容仅用作学术研究，不涉及您所服务单位的机密或者您个人的道德问题，并且是基于大样本的分析而得出结论，不会单独报告您个人的结果，您的回答结果将被严格保密。再次对您的热忱协助与合作表示深深感谢！

湖北省先进制造业企业创新发展研究团队
2019年3月

您的性别：	☐男　　☐女
您的学历：	☐高中及以下　　☐大专　　☐本科　　☐研究生（含）以上
您的年龄：	_____周岁
您在贵单位（公司）服务的时间：	_____年
贵公司所在行业：	_____行业

一、请您根据实际情况做出选择,从左到右表示"非常不符合"到"非常符合"。

您个人在工作中:	非常不符合	基本不符合	一般	基本符合	非常符合
1. 我有信心克服目前或将来的困难,并能解决可能面对的困境或难题	1	2	3	4	5
2. 我面对逆境的处理能力强	1	2	3	4	5
3. 面对巨大的压力时,我仍能保持冷静	1	2	3	4	5
4. 身处在充满压力的环境中时,我从未感到焦虑	1	2	3	4	5
5. 我在压力下犯错时,我还是喜欢自己	1	2	3	4	5
6. 即使在困难的环境下,我仍能积极面对	1	2	3	4	5
7. 在压力下放松自己时,我能体会到宁静,而没有担忧	1	2	3	4	5
8. 即使身处恐怖的环境,我仍能保持冷静	1	2	3	4	5
9. 即使我受到挫折,我也能很快恢复过来	1	2	3	4	5

二、请您根据实际情况做出选择,从左到右表示"非常不符合"到"非常符合"。

您认为您个人的工作:	非常不符合	基本不符合	一般	基本符合	非常符合
1. 我的工作职责包含了寻找新技术和新方法	1	2	3	4	5
2. 将新观点和想法引入组织是我工作的一部分	1	2	3	4	5
3. 我不需要通过创新来满足我的工作需求	1	2	3	4	5
4. 我的工作要求我尝试运用新方法来解决问题	1	2	3	4	5
5. 提出新的想法是我的工作职责的一部分	1	2	3	4	5

三、请您根据实际情况做出选择，从左到右表示"非常不符合"到"非常符合"。

您个人：	非常不符合	基本不符合	一般	基本符合	非常符合
1. 我的工作要求我很努力地工作	1	2	3	4	5
2. 我在工作中感受到时间的紧迫性	1	2	3	4	5
3. 我在工作中感受到了工作责任的压力	1	2	3	4	5
4. 我的工作要求我使用一些复杂的或高水平技术	1	2	3	4	5
5. 我不得不经历很多繁文缛节来完成我的工作	1	2	3	4	5
6. 我没有完全理解组织期望我做什么	1	2	3	4	5
7. 我收到来自两个或更多人的不一致的工作要求	1	2	3	4	5
8. 我在完成工作的过程中会遇到很多麻烦	1	2	3	4	5

再次衷心感谢您的参与和配合！您的协助对我们研究取得预期成果至关重要！

附录4 实证研究二领导版调查问卷

尊敬的先生/女士：

您好！十分感谢您百忙中填写问卷！本次调查为匿名调查，目的在于了解您对相关议题的见解。问卷内容仅用作学术研究，不涉及您所服务单位的机密或者您个人的道德问题，并且是基于大样本的分析而得出结论，不会单独报告您个人的结果，您的回答结果将被严格保密。再次对您的热忱协助与合作表示深深感谢！

湖北省先进制造业企业创新发展研究团队

2019年3月

一、请您根据实际情况做出选择，从左到右表示"非常不符合"到"非常符合"。

该员工：	非常不符合	基本不符合	一般	基本符合	非常符合
1. 在工作中，会优先尝试新观点或新方法	1	2	3	4	5
2. 在工作中，会寻求新方法或新途径来解决问题	1	2	3	4	5
3. 在工作中，会产生与工作领域相关的开拓性想法	1	2	3	4	5
4. 在工作中，是一个非常好的创造力典范	1	2	3	4	5

再次衷心感谢您的参与和配合！您的协助对我们研究取得预期成果至关重要！

附录5　实证研究三员工版调查问卷

尊敬的先生/女士：

您好！十分感谢您百忙中填写问卷！本次调查为匿名调查，目的在于了解您对相关议题的见解。问卷内容仅用作学术研究，不涉及您所服务单位的机密或者您个人的道德问题，并且是基于大样本的分析而得出结论，不会单独报告您个人的结果，您的回答结果将被严格保密。再次对您的热忱协助与合作表示深深感谢！

湖北省先进制造业企业创新发展研究团队
2019年3月

您的性别：	□男　　□女
您的学历：	□高中及以下　　□大专　　□本科　　□研究生（含）以上
您的年龄：	_____周岁
您在贵单位（公司）服务的时间：	_____年
贵公司所在行业：	_____行业

一、请您根据实际情况做出选择，从左到右表示"非常不符合"到"非常符合"。

您个人在工作中：	非常不符合	基本不符合	一般	基本符合	非常符合
1. 对我来说，最重要的事中包含我当前的工作	1	2	3	4	5
2. 对我来说，工作只是我生活中的一小部分	1	2	3	4	5
3. 我完全投身于现在的工作中	1	2	3	4	5
4. 工作对我而言是不可或缺的，就如同呼吸一样	1	2	3	4	5
5. 我的兴趣大都是以工作为中心	1	2	3	4	5
6. 我与当前的工作有非常强的联系，难以割舍	1	2	3	4	5
7. 我常常想离开这份工作	1	2	3	4	5
8. 我的人生目标大都与工作相关	1	2	3	4	5
9. 我将工作视为我的生活中心	1	2	3	4	5
10. 我多数时间能够全神贯注于工作	1	2	3	4	5

二、请您根据实际情况做出选择，从左到右表示"非常不符合"到"非常符合"。

您认为您个人的工作：	非常不符合	基本不符合	一般	基本符合	非常符合
1. 我的工作职责包含了寻找新技术和新方法	1	2	3	4	5
2. 将新观点和想法引入组织是我工作的一部分	1	2	3	4	5
3. 我不需要通过创新来满足我的工作需求	1	2	3	4	5
4. 我的工作要求我尝试运用新方法来解决问题	1	2	3	4	5
5. 提出新的想法是我工作职责的一部分	1	2	3	4	5

三、请您根据实际情况做出选择，从左到右表示"非常不符合"到"非常符合"。

您个人在工作中：	非常不符合	基本不符合	一般	基本符合	非常符合
1. 在本部门，升职或计划外加薪通常取决于员工的工作绩效	1	2	3	4	5
2. 在当前的组织系统中，金钱奖励很少与员工的绩效相关	1	2	3	4	5
3. 在本部门，主管倾向于给员工相同的绩效评估等级，并不取决于员工的实际工作业绩	1	2	3	4	5
4. 在当前的组织系统中，主管很少因为绩效突出而获得物质奖励	1	2	3	4	5
5. 绩效评估的确会影响本组织的人事安排	1	2	3	4	5
6. 我的主管不以我的工作表现来评估我的绩效	1	2	3	4	5
7. 如果我的工作做得不好，我将会被降级或调离	1	2	3	4	5
8. 主管对我的绩效评估结果公平，准确地反映了我的实际工作业绩	1	2	3	4	5
9. 如果我的工作非常出色，我会得到升职或更好的工作	1	2	3	4	5
10. 由于我的努力工作，我的高业绩会得到组织的认可	1	2	3	4	5
11. 如果我的工作非常出色，我会得到现金奖励或计划外的加薪	1	2	3	4	5

再次衷心感谢您的参与和配合！您的协助对我们研究取得预期成果至关重要！

附录6 实证研究三领导版调查问卷

尊敬的先生/女士：

您好！十分感谢您百忙中填写问卷！本次调查为匿名调查，目的在于了解您对相关议题的见解。问卷内容仅用作学术研究，不涉及您所服务单位的机密或者您个人的道德问题，并且是基于大样本的分析而得出结论，不会单独报告您个人的结果，您的回答结果将被严格保密。再次对您的热忱协助与合作表示深深感谢！

湖北省先进制造业企业创新发展研究团队

2019年3月

一、请您根据实际情况做出选择，从左到右表示"非常不符合"到"非常符合"。

该员工：	非常不符合	基本不符合	一般	基本符合	非常符合
1. 在工作中，会优先尝试新观点或新方法	1	2	3	4	5
2. 在工作中，会寻求新方法或新途径来解决问题	1	2	3	4	5
3. 在工作中，会产生于工作领域相关的开拓性想法	1	2	3	4	5
4. 在工作中，是一个非常好的创造力典范	1	2	3	4	5

再次衷心感谢您的参与和配合！您的协助对我们研究取得预期成果至关重要！

附录7　实证研究四员工版调查问卷

尊敬的先生/女士：

您好！十分感谢您百忙中填写问卷！本次调查为匿名调查，目的在于了解您对相关议题的见解。问卷内容仅用作学术研究，不涉及您所服务单位的机密或者您个人的道德问题，并且是基于大样本的分析而得出结论，不会单独报告您个人的结果，您的回答结果将被严格保密。再次对您的热忱协助与合作表示深深感谢！

湖北省先进制造业企业创新发展研究团队

2019年3月

您的性别：	□男　　□女
您的学历：	□高中及以下　　□大专　　□本科　　□研究生（含）以上
您的年龄：	_____周岁
您在贵单位（公司）服务的时间：	_____年
贵公司所在行业：	_____行业

一、请您根据实际情况做出选择，从左到右表示"非常不符合"到"非常符合"。

您认为您所在的团队：	非常不符合	基本不符合	一般	基本符合	非常符合
1.团队成员之间彼此分享工作经验	1	2	3	4	5
2.团队成员之间会应彼此的要求分享专业知识	1	2	3	4	5
3.团队成员之间彼此分享对工作的想法	1	2	3	4	5
4.团队成员之间互相提供工作建议	1	2	3	4	5
5.我们团队中，每个团队成员都乐观和自信	1	2	3	4	5
6.我们团队中，每个团队成员都朝气蓬勃	1	2	3	4	5
7.我在团队中工作觉得充满希望	1	2	3	4	5

再次衷心感谢您的参与和配合！您的协助对我们研究取得预期成果至关重要！

附录8 实证研究四团队主管版调查问卷

尊敬的先生/女士：

您好！十分感谢您百忙中填写问卷！本次调查为匿名调查，目的在于了解您对相关议题的见解。问卷内容仅用作学术研究，不涉及您所服务单位的机密或者您个人的道德问题，并且是基于大样本的分析而得出结论，不会单独报告您个人的结果，您的回答结果将被严格保密。再次对您的热忱协助与合作表示深深感谢！

湖北省先进制造业企业创新发展研究团队

2019年3月

一、请您根据实际情况做出选择，从左到右表示"非常不符合"到"非常符合"。

您认为您所在的团队：	非常不符合	基本不符合	一般	基本符合	非常符合
1. 我的团队需要有创造力	1	2	3	4	5
2. 我的团队所承担的任务需要我们创造性地开展工作	1	2	3	4	5
3. 我的团队需要运用新的方式或方法来完成工作	1	2	3	4	5
4. 为了让我的团队表现优异，我们必须要考虑在工作中运用原创的或新颖的方法	1	2	3	4	5

再次衷心感谢您的参与和配合！您的协助对我们研究取得预期成果至关重要！

附录9　实证研究四团队直接领导版调查问卷

尊敬的先生/女士：

您好！十分感谢您百忙中填写问卷！本次调查为匿名调查，目的在于了解您对相关议题的见解。问卷内容仅用作学术研究，不涉及您所服务单位的机密或者您个人的道德问题，并且是基于大样本的分析而得出结论，不会单独报告您个人的结果，您的回答结果将被严格保密。再次对您的热忱协助与合作表示深深感谢！

湖北省先进制造业企业创新发展研究团队

2019年3月

一、请您根据实际情况做出选择，从左到右表示"非常不符合"到"非常符合"。

您认为该团队：	非常不符合	基本不符合	一般	基本符合	非常符合
1. 所取得的成果具有创新性	1	2	3	4	5
2. 所取得的成果具有原创性和实用性	1	2	3	4	5
3. 已取得的成果表明该团队能够创造性地运用信息和资源完成工作	1	2	3	4	5

再次衷心感谢您的参与和配合！您的协助对我们研究取得预期成果至关重要！